はじめに

私がパネットーネと出会ったのは、ドンクに入社してすぐの頃でした。ただ、社内で製造しているとはいえ、工場内でも特別に囲われた製造室で作られているため、工程を見ることもほとんどなく、正直、それほど深く興味を持ってはいませんでした。

　それが変わったのは、今から7年ほど前、2014年のことです。イタリア出張の際に、自社商品以外で初めて、職人による手作りのパネットーネを口にしたとき、その食感や豊かな風味に、まるで違う世界を見たかのように驚きました。

　その後、コンクールで数十個のパネットーネやコロンバを審査する機会に恵まれ、また、パネットーネを軸とした幅広い人脈を得る中で、特に、「レ・パネットーネ」の主宰者であり、作家、パネットーネの研究家のスタニスラオ・ポルツィオ氏からはパネットーネの歴史を学び、マウリツィオ・ボナノーミ氏の店に足しげく通い、パネットーネの奥深さを知ることができました。

　この本は、そうしたイタリアのマエストロや、日本の関係者の方々に支えられ、助けられて仕上げることができました。文字にすることで新たな気づきもあり、今後の目指す方向性についても、少しずつですが、描くことができはじめています。

　日本では、パネットーネやパンドーロは、以前より認知が進んだものの、まだまだ普及したというにはほど遠く、パンの一種として見られることも多いのですが、イタリアでは、パスティッチェリーア（菓子店）とパニフィーチョ（パン屋）が競い合い、高め合いながら美味しいパネットーネやパンドーロを作っています。日本でも、職人による手作りのパネットーネやパンドーロが日常に浸透し、家族や友だちと贈りあう食文化が定着することを願い、また、微力ではあれ、その一助となればと思い、この本を作りました。

佐藤広樹

JN011476

目次

002 … 発刊に寄せて

003 … はじめに

Chapter 1 … 008 … パネットーネとパンドーロ

010 … パネットーネとパンドーロは、どんなお菓子？

012 … イタリアのパネットーネ文化

015 … 製法とバリエーション

019 … ヴェローナを中心とするパンドーロ文化

パネットーネと … 021 … 用語について
パンドーロを作る前に

022 … 材料について

024 … 道具・機器・型について

Chapter 2 … 026 … リエヴィト・マードレ

028 … 作業の手順

029 … 配合表

030 … 発酵液

031 … 1番目の種

032 … 2〜4番目の種

034 … 元種（リエヴィト・マードレ）

035 … リエヴィト・マードレで作るさまざまな発酵菓子とパン

Chapter 3 … 036 … パネットーネ・モデルノ

038 … 作業の手順

039 … 配合表

040 … 元種の水漬け、リフレッシュ1＆2

042 … 中種

044 … リフレッシュ（次回の元種用）

045 … フルーツの仕込み

046 … 本捏ね

050 … 分割・成形・型入れ・発酵

054 … 焼成

058 … パネットーネ・モデルノ 製法のバリエーション

Column … 061 … 瓶で焼くパネットーネ

Chapter 4	…	062	…	パネットーネ・クラッシコ
		064	…	作業の手順
		065	…	配合表
		066	…	リフレッシュ1
		067	…	リフレッシュ（次回の元種用）
		068	…	リフレッシュ2
		069	…	中種
		070	…	本捏ね
		072	…	分割・成形・型入れ・発酵
		073	…	焼成

Chapter 5	…	074	…	パネットーネのバリエーション
		076	…	アマレーナとチョコレート｜Amarena e cioccolato
		078	…	いちご｜Fragola
		080	…	リモンチェッロ｜Limoncello
		082	…	アプリコット｜Albicocca
		084	…	アプリコットとパイナップル｜Albicocca e ananas
		086	…	キャラメル・チョコレート｜Cioccolato al caramello

Chapter 6	…	088	…	パンドーロ
		090	…	作業の手順
		091	…	配合表
		092	…	リフレッシュ1&2
		093	…	前準備
		094	…	ビガ種
		095	…	本捏ね
		098	…	分割・成形
		100	…	型入れ・発酵
		101	…	焼成
		104	…	仕上げ
Column	…	106	…	新しいタイプのパンドーロ

Chapter 7 … 108 … パネットーネ生地や
パンドーロ生地で作る発酵菓子

110 … コロンバ・パスクワーレ｜Colomba pasquale
114 … ヴェネツィアーナ｜Veneziana
115 … バウレット｜Bauletto
116 … ブォンディ｜Buondi
118 … ルネッタ｜Lunetta

Chapter 8 … 120 … イタリアのパン

122 … 山の丸パン｜Micca di montagna
Column … 124 … 山深い土地でパンと向き合う孤高の職人
125 … 液状発酵種（元種）リエヴィト・マードレ・リキッド
126 … 農夫のパン｜Pane contadino
128 … フランチェジーノ｜Francesino
130 … コルネッティ｜Cornetti

Chapter 9 … 132 … ドンクとパネットーネ

134 … 1970年代から続くドンクの「パネトーネ」史
134 … 創業者、藤井幸男とパネットーネ
135 … 1985年、オリンド・メネギン氏の指導で本格生産へ
136 … 六甲アイランド工場とサンレモ・ライン
138 … 2014年、ミラノへ。コンクール展示会の視察が転機に
139 … イタリアのパネットーネ界とともに
140 … 年表｜ドンクの「パネトーネ」史

付録1 … 142 … 佐藤広樹が選ぶ「私が影響を受けたパネットーネ」
147 … 伝統を今に伝える、老舗のパネットーネ
付録2 … 148 … パネットーネ、パンドーロに関する政令
付録3 … 151 … 「レ・パネットーネ」コンクール審査表

凡例

本書で使用した主な材料や機器は p.022〜025 に記載しました。

—

使用する材料、機器、厨房の温度や湿度により、発酵、ミキシング、焼成の時間や温度は若干変わります。環境に合わせて調節してください。

—

配合は、原則的にベーカーズパーセントとし、必要に応じて重量を記載しました。

ベーカーズパーセントは、粉（強力粉、デュラム小麦粉、ライ麦粉）の合計量を100%とした時の比率を表します。

p.039「パネットーネ・モデルノ」の配合表（右記）を例にとると、ベーカーズパーセントから重量は以下のような計算で求められます。

強力粉の総量（ベーカーズパーセント100%）として、1000gを使う場合

中種の強力粉の重量
1000g × 0.69（69%）= 690g

本捏ねの強力粉の重量
1000g × 0.31（31%）= 310g

各素材の重量
1000g × 各素材のベーカーズパーセント

配合表（パネットーネ・モデルノ）〔p.039〕

- 重量はベーカーズパーセント100%＝1000gの場合のグラム数。
- 中種の「リフレッシュ2の生地」の粉は外割（ベーカーズパーセントに含まない）。

	ベーカーズパーセント	重量
元種の水漬け		
元種	–	600g
ぬるま湯（35℃）	–	4ℓ
グラニュー糖	–	8g
リフレッシュ1		
元種	–	600g
強力粉（セルヴァッジオ）	–	600g
水	–	280〜310g
リフレッシュ2		
リフレッシュ1の生地	–	400〜500g
強力粉（セルヴァッジオ）	–	600g
水	–	280〜300g
中種		
リフレッシュ2の生地	22%	220g
強力粉（セルヴァッジオ）	69%	690g
グラニュー糖	16.5%	165g
バター	13.8%	138g
水	41.3%	413g
加糖卵黄（20%加糖）	8.3%	83g
本捏ね		
中種	全量	1,709g
強力粉（セルヴァッジオ）	31%	310g
グラニュー糖	6%	60g
塩	0.83%	8.3g
バター	45.5%	455g
加糖卵黄（20%加糖）	29.8%	298g
バニラビーンズ	強力粉1kgに対して0.7本	0.7本
オレンジペースト	6.9%	69g
オレンジ	右の分量で合わせたものを使用	180g
レモン		20g
グラニュー糖		80g
グランマルニエ		5g
グランマルニエ（果皮入り）	0.69%	6.9g
グランマルニエ	右の分量で合わせたものを使用	50g
オレンジの果皮（すりおろし）		1個分
レモンの果皮（すりおろし）		1/2個分
蜂蜜	6.9%	69g
転化糖	4.8%	48g
フルーツ		
オレンジの皮のコンフィ	34.5%	345g
チェードロの皮のコンフィ	6.9%	69g
レーズン	34.5%	345g
マルサラ	5.5%	55g

69（%）+ 31（%）= 100（%）

中種の「リフレッシュ2の生地」の粉は外割（ベーカーズパーセントに含まない）

Chapter 1

パネットーネとパンドーロ

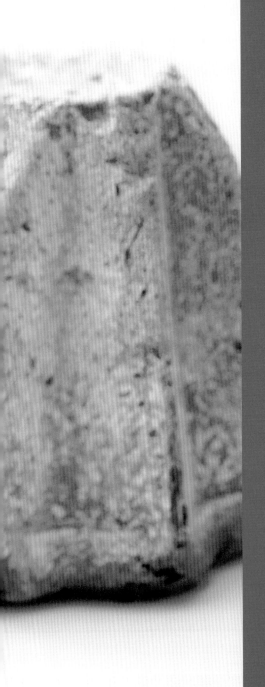

近頃は、クリスマスが近づくと日本の菓子店やパン店の店先にパネットーネやパンドーロが並んでいるのを目にする機会が増えてきました。

　しかし、それらがどのようにして作られているのか、また、どんな歴史をもつお菓子なのかまでは、まだまだ知られているとはいえません。

　本書では、古典的な製法と現代的な製法という2タイプのパネットーネの作り方を中心に、パンドーロ、コロンバなど、元種（リエヴィト・マードレ）をベースとする発酵菓子類を幅広く紹介します。

　イタリア発酵菓子の奥深い世界に、ぜひ触れてみてください。

パネットーネとパンドーロは、どんなお菓子?

クリスマスを祝う大型発酵菓子

歴史的な背景は大きく違うが、日本でクリスマスに「いちごのショートケーキ」を食べるように、イタリアにもクリスマス(ナターレ)に決まって食べる定番の菓子がある。その代表がパネットーネとパンドーロだ。発祥の地はパネットーネがミラノ、パンドーロがヴェローナと異なるが、元種(イタリア語でリエヴィト・マードレ)で作る大型の発酵菓子で、卵黄やバター、砂糖をぜいたくに使ったリッチな風味と、軽くしっとりした食感に共通するものがある。

　ふたつを比較すると、パンドーロはヴェローナを中心に北イタリア一帯で親しまれているのに対し、パネットーネは製造する菓子店やメーカーが今や北部だけでなく、中部、南部でも珍しくないほどに増えている。もはやミラノの枠を超えて、イタリア全土からさらに海外にまで広がりを見せている菓子である。

　11月に入ると、イタリアでは全国津々浦々の菓子店のショーウインドウに美しくパッケージされたパネットーネがディスプレイされ、食料品店やスーパーマーケットではパネットーネの箱がうずたかく積まれてクリスマスシーズンの幕開けとなる。この時季のきわめて象徴的な光景だ。大きさは500gの小箱と、750g、1kgの大箱が中心で、価格は1kgでも数ユーロの廉価品から50ユーロ前後の高級品まで幅広い。自家用に買うだけでなく、友人、知人、親戚などとおいしいパネットーネを贈り合う習慣も根づいているようで、ひとりで数箱を買い込む人も少なくない。朝食、おやつ、食後のデザートと、楽しみ方はいろいろのようである。

パネットーネもパンドーロも、生まれは北イタリア。

パネットーネの美しい包装が街を彩る光景は、イタリアの冬の風物詩。

パネットーネ（上）と比べ、パンドーロ（下）は気泡がより細かい。

ブリオッシュをよりリッチにした味わいとしっとりした口溶け

より身近な発酵菓子にはブリオッシュやクグロフ、シュトーレンなどがあるが、同じ発酵系でもパネットーネやパンドーロは生地の特徴が大きく異なる。パネットーネはしいていえばブリオッシュに近いが、パン酵母（以降、イーストと表記）ではなく自家培養した元種（リエヴィト・マードレ）を使い、リフレッシュと発酵も数回くり返して、さらに卵黄とバターをふんだんに使う。リッチな風味となめらかな口溶けはブリオッシュをはるかに超えたものといってもよい。それでいて油っぽさはなく、しっとりした食感が印象的だ。卵黄のレシチンの乳化効果、また蜂蜜などの果糖による保湿性がしっとり感を生みだしている。

　　断面にも視覚的な特徴がある。パネットーネは不均一な大小の空洞（気泡）が網の目状に広がっていて、クラムは縦方向に薄く、細長く裂ける。パネットーネ独特のものだ。そして、レーズンとオレンジやチェードロ（レモンに似た大型の柑橘）の皮のコンフィが混ぜられているのが基本のスタイル。

　　一方、パンドーロはドライフルーツなどが入らず、食べる直前に粉糖をたっぷりとふりかける。気泡はパネットーネのように大きくはなく、いわゆるスポンジ状だが、目はやや粗く、発酵による力強さのある食感だ。スポンジ生地のようなふわふわの柔らかさではない。また、パネットーネのような縦方向に裂けることはなく、均一に割れる。

糖類などの高配合と酸性生地 *の働きで、日持ちは1カ月以上

＊酸性生地──穀物や果実の表皮に生息している野生の酵母や乳酸菌を取りこんだ、有害菌が生息できない酸性の生地のこと

一般的なパンや菓子に比べると、パネットーネやパンドーロは日持ちがよいのも特筆される。手作り品の場合でも、1カ月間は充分おいしさが持続し、乳化剤を加えることの多い大量生産のメーカー品だと、賞味期間3カ月間前後のものが多い。

　　日持ちが長い理由を、「イタリアの特定の地域のみに存在する"パネットーネ菌（あるいはパネットーネ種）"の特性」と解説するものを多く見かけるが、それは当たらない。発酵に使う元種はパネットーネやパンドーロ独自のものがあるわけではなく、各菓子店やメーカーがブドウやリンゴなどのフルーツ、また全粒粉等にある野生の酵母をそれぞれ自家培養したものだ。仕込み方は各店各様で、そこに作り手による風味や食感の違いは出るが、決して特殊な元種というわけではない。

　　日持ちのよさの要因は、主に高配合（砂糖や蜂蜜などの糖類やバター、卵黄の多い配合）によって水分活性が低くなること。また酵母から起こした元種（リエヴィト・マードレ）の働きによってpH値が下がることで生地が酸性になり、雑菌の繁殖を抑制するとみられている。

　　ちなみにパネットーネもパンドーロも、焼きたては生地が落ち着かず、柔らかすぎたり、風味が開いていなかったりなどベストコンディションではない。2〜3日経ってからが食べごろだ。

砂糖、卵黄、バターの配合が非常に多いのが大きな特徴。

イタリアのパネットーネ文化

白い小麦粉で作られた
フォカッチャ形の菓子がルーツ

パネットーネの歴史は確かな文献が少ないことから、1700年代にさかのぼるのがやっとのようだ。形も、材料も、現代のそれとはかなり異なるが、クリスマスを祝う菓子という位置づけはこの時代にすでにできあがっており、当初はパン屋が顧客にプレゼントすることが多かったといわれる。そして1700年代後半にはミラノ中心地にあるいくつかの菓子店で高級菓子として扱われるようになったことで、裕福な人々が互いにパネットーネを贈り合う習慣が生まれ、上流階級のステータスシンボルになっていったようだ。当時の名称には「パナトン（Panaton）」や「パナトーニ（Panatoni）」といった記述がある。

しかしながら、その時代はまだ型がなく、平たい大判のフォカッチャ的なもので、材料は白い小麦粉だけだったとされる。庶民の暮らしは貧しく、食卓にのぼるのは雑穀で作られたパンであったことから、白い小麦粉は非日常のぜいたく品で、パネットーネはそれだけで充分な高級菓子に値した。

ミラノのシンボル、ドゥオーモ（左）と、ドゥオーモ付近のクリスマスの風景（右）。

今に残るパネットーネの最初のレシピは、1800年代の最初に出版された料理書『ヌオーヴォ・クオーコ・ミラネーゼ・エコノーミコ（Nuovo cuoco milanese economico）』とみられている。興味深いのは硬質小麦を使っていることで、卵やフルーツのコンフィはまだ入っていない。

材料
硬質小麦または普通小麦のリエヴィト・マードレ／硬質小麦／バター／砂糖／レーズン

製法を見ると、バターが塗られた紙に捏ねた生地を置いて暖炉で発酵させ、高温のオーブンで焼くとあるから、発酵は1回のみであることがわかる。その分、ふくらみは少なかっただろうが、ドーム状になり、風味材料も増えて、この100年で白いフォカッチャ風から大きく飛躍しているのは確かである。

さらに1854年刊行の『トラッタート・ディ・クチーナ、パスティッチェリーア・モデルナ、クレデンツァ・エ・レラティーヴァ・コンフェットゥレリーア（Trattato di cucina, pasticceria moderna, credenza e relativa confettureria)』に掲載されているレシピでは、塩、卵黄、チェードロのコンフィなどが加わり、より現代のものに近づいている。そして、発酵回数が1回から複数回へと増えるのは、これ以降、1800年代後半のようである。

1800年代創業の菓子店「コーヴァ」や「マルケージ」が現代のパネットーネの礎を築いた。

パネットーネが花開いた1800年代

1800年代は、パネットーネ史に足跡を残す菓子店が多く開店した時代でもあった。それまでパン屋を中心に作られていたパネットーネが、菓子店へと移行していく。

　筆頭に挙がるのが、1817年創業の「コーヴァ（Cova)」。創業者であるアントニオ・コーヴァ氏がミラノ市内スカラ座隣に開いた店で、短期間のうちに文化人やおしゃれを好むブルジョワ階級に支持され、ミラノで押しも押されもせぬ名店となった。パネットーネも目玉商品のひとつであったようだ。その後、息子コンスタンティーノ氏、さらにその義弟のキレリケッティ氏へと代替わりすると、より高品質な原材料に切り替え、値段も上げて高級化路線を敷くようになる。「コーヴァ」マークのパネットーネがミラノでもっとも評判が高いものとして信頼を高めていった。

　ほかには、1824年創業の菓子店の経営権を1860年代に引き継いで現在に至る「マルケージ（Marchesi)」がある。ここもパネットーネをイチオシ商品に掲げて、新しいミラノ菓子の殿堂となった。「ビッフィ（Biffi)」、「トレ・マリーエ（Tre Marie)」も店名や事業形態の変遷はあるものの1800年代にルーツをもち、今に続く老舗菓子店で、それぞれパネットーネを人気商品のひとつに育て上げている。

　ビッフィは当時から名前の通った菓子店であったようで、イタリアの作家エミリオ・デ・マルキが1895年に刊行した作品には、ビッフィをモデルにした話が出てくる。ビッフィで購入したパネットーネを手土産に友人宅を訪問した弁護士が、実際はパネットーネの包みではなく、新品の帽子の入った包みを持って行ってしまうというものだ。肝心のパネットーネは弁護士宅のクローゼットにしまわれたままだった……。滑稽なストーリーだが、その後、実際に帽子箱形のパッケージに詰めたパネットーネが売られるようになったのを見ると、両者の包みが似ていると感じたのはデ・マルキだけではなかったようだ。

帽子箱のような筒型が特徴の、古いパネットーネの包装箱。1940年代の品と思われる。

1900年代、モッタが筒状の紙型を導入

パネットーネがさらに飛躍したのは、1919年、アンジェロ・モッタがミラノで創業した菓子店「モッタ（Motta）」の功績によるところが大きい。先に、大判のフォカッチャ形からドーム形に変身を遂げたパネットーネだったが、そのころは手作業で油脂を塗った紙をひとつずつ巻きつけたり、フリットを包む紙を貼り付けて形を整えたりという手間のかかる方法で仕上げられていたという。

　そこに筒形の紙型を取り入れ、より大型で縦長のドーム状に焼く方法を採用したのがモッタだった。現在のパネットーネの形状がここででき上がったのである。

　モッタがこの方法を取り入れたのは、ロシアの復活祭の発酵菓子「クーリッチ（クリーチ）」にヒントを得たからと伝えられている。当時、イタリア在住のロシア人からクーリッチを作るよう依頼されたことがきっかけだった。クーリッチは筒形の紙型に入れて作るものだったのだ。

　型を使用することで生地が窯伸びし（縦に伸びる）、ボリュームが出て形も均一にそろい、効率よく生産できるというメリットがある。そして、紙型の導入とあいまって、バターや卵、フルーツの量を増やし、発酵時間を長くかけるなど、生地をよりリッチなものに改良。このスタイルが他の菓子店に広がっていくことになる。モッタはその後、第二次世界大戦を経て、パネットーネの工場生産にも成功し、生産量を一気に伸ばして世界へ知らしめたところにも偉大な足跡を残した。

　話はそれるが、モッタのパネットーネは1970年代に、日本のお茶の間にもお披露目されている。ネスカフェのコーヒーのCMのワンシーンで、朝食の食卓にコーヒーとともに置かれたのがモッタのパネットーネだったのだ。当時、モッタはネッスル（現・ネスレ）グループの傘下にあった。「ミラノの朝は一杯のコーヒーとパネットーネで始まる……」のナレーションとともに、窓辺の食卓に映し出されるおいしそうなパネットーネ。窓外にはミラノの象徴であるドゥオーモがそびえている。私自身、当時はパネットーネのなんたるかを知るよしもなかったが、くり返される映像がしっかりと記憶に刻まれたものである。私のパネットーネとの最初の出会いは、このCMだった。

ミラノのアーケード「ガレリア・ヴィットリオ・エマヌエーレ2世」に店を構える「モッタ」。パネットーネ史に大きな足跡を残した老舗だ。

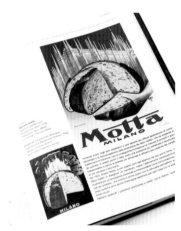

モッタが紙型を導入する以前は、紙型を使わずドーム状に作られていた。
—
『Dolce Natale
Panettone e pandoro
Una tradizione italiana』
Giuseppe Lo Russo編
Fratelli Alinari刊

併設のカフェで切り分けたパネットーネを提供する菓子店も多い。粉糖をかけたり、クリームを添えたり、食べ方は自由気ままに。

製法とバリエーション

ふたつのパネットーネ製法
──クラッシコとモデルノ

いま、イタリアのパネットーネは大きくふたつの製法に分けることができる。見た目は同じだが、仕込み方に違いがある。本書では、これを「クラッシコ（伝統製法）」と「モデルノ（現代製法）」と呼び分けて解説している。

　先に挙げた歴史の長い老舗の菓子店やメーカーはクラッシコタイプ、近代にできた新しい菓子店はモデルノを取り入れているところが多く、両タイプをともに作っている例はないと思われる。統計はないが、印象としてはクラッシコが3割、モデルノが7割くらいの比率で、世の趨勢はモデルノに進んでいるようだ。モデルノの製法が増えてきたのは2000年以降だと思うが、イタリアの製菓製パン学校の教科書でも、現在はモデルノの製法によるパネットーネを採用している。

クラッシコ（右）は縦長、モデルノ（左）は幅広の形が多い。

大きな違いは、水漬け工程の有無

モデルノ製法も、作り手によって工程の細部に若干の違いはあるが、伝統製法のクラッシコと比較するとおおよそ次のような特徴がある。

1 … 発酵時間がやや長い
2 … 材料に洋酒、オレンジペースト、柑橘の果皮（すりおろし）などを加える
3 … 最終段階の本捏ねでも小麦粉を加える
4 … 元種（リエヴィト・マードレ）を毎回水漬けする

製品として、発酵の力が強く大きくふくらみ、よりソフトでしっとりした食感とリッチな風味が得られる方法である。元種の状態をコントロールしやすく失敗が少ないというメリットもあり、それが教科書でも採用されている所以だろう。

　なお、4の「水漬け」はクラッシコにはないモデルノ独特の工程で、リフレッシュ（元種となる生地に新たに小麦粉と水を加えて捏ね、発酵させる工程）の前に20分間前後、元種を水に漬けることをいう。また、夜間の保管中にも水漬けする方法を取り入れている店もある。いずれも、水漬けすることにより酸味につながる雑菌が沈殿し、乳酸と酢酸のバランスが整えられる点がメリットとされる。元種を水に漬ける方法は、ピエモンテ州の伝統的な手法からきたものという解釈が一般的なようだ。

　また、製法ではないが、形にも違いがある。クラッシコは縦長、モデルノは幅広に焼き上げることが多い点だ。前者の紙型が直径16cm、後者は21cm。幅広型で、かつ高さを抑えることにより、縦方向にも横方向にも窯伸びがしやすくなり、気泡が不均一でソフトな食感に仕上がりやすいという理由で、近年増えてきたものと思う。

パネットーネやパンドーロを作る菓子店やメーカーは、今やイタリア全土に広がる。包装も個性が豊か。

多彩なバリエーションの登場

パネットーネは2000年代に入って、材料や製法、販売法などが政令で細かく規定されたが（後述）、最近は規定の範囲内の製品として、フルーツなどの具材や洋酒の種類、表面のコーティングの方法などをアレンジしたバリエーションが増えているのも目立った傾向だ。

　たとえば生地の中に各種チョコレート、アプリコットやいちご、さくらんぼ、いちじくなどのフルーツ（コンフィやセミドライなどさまざま）、さらにリモンチェッロ（レモン風味）やマラスキーノ（さくらんぼ風味）などの洋酒をシロップに混ぜて生地にしみ込ませるといったアレンジだ。本書でも6種類を紹介しているので参考にしてほしい［p.074］。

　パネットーネの基本形は上面に何も細工はしないが、バリエーションでは卵白とアーモンドパウダーを混ぜたグラサージュ（糖衣）や溶かしたチョコレートを塗ったり、アーモンドやピスタチオなどのナッツ、あられ糖、パール状の

チョコレート、フルーツのフリーズドライを散らしたりと、多様で美しいデコレーションで各店がしのぎを削っている。

参考までに、パネットーネのトップにヘーゼルナッツのグラサージュをかけるなど、それまでになかったスタイルを考案し、定着させたのはピエモンテ州トリノ近郊にある菓子店「ガルップ（Galup）」（1922年創業）の創業者、ピエトロ・フェッルーアである。

また、バリエーションとは異なるが、パネットーネ生地をベースにした発酵菓子もある。ドンクが取り入れた「バウレット（bauletto）」もその流れのもので、パウンドケーキ型のような20cmほどの小ぶりの紙型にパネットーネ生地を入れて焼く。生地に入れる具材やグラサージュは自由である。これも本書で2種類を紹介した［p.115］。

バウレットのような商品は、クリスマスシーズン以外の時期にパネットーネ生地を有効に使うために考え出されたものと想像する。元種は長期間そのままにしておくと発酵力が弱まってしまうため、日常的にリフレッシュを行わないといけない。1年の限られた時期だけパネットーネを作るのではなく、年間を通して継続的に元種をリフレッシュし、菓子を作ることが安定した質のよいパネットーネの生産にもつながる。

イタリアではクリスマス以外の、たとえば8月15日の「聖母被昇天の日（Ferragosto）」をはじめとする節目節目のキリスト教行事でパネットーネを食べることが多くなっていると聞くし、最近は年間商品としてパネットーネを売り出そうという動きも出ているほどだ。

次代に正しく伝えていくために
──製法・材料を規定した政令の発布

パネットーネがイタリア全土に広がり、よりメジャーになって新たな時代に向かう中、改革が迫られる点も出てきた。粉末のリエヴィト・マードレを使ったもの、さらに専用ミックス粉や冷蔵の元種などが登場して、簡便な方法で作るパネットーネが少なからず出回るようになったからだ。このままでは本来のパネットーネから大きく逸脱してしまうとの危機感から、法律面での整備が求められたのだ。

2003年にミラノ商工会議所が「"ミラノ伝統的パネットーネ"製造に関する規定書」を、続いて2005年に国の政令でパネットーネ、パンドーロ、コロンバなどについて「焼き菓子製品の製造および販売に関する政令」（p.148に抜粋を掲載）を制定した。ふたつは内容的にほぼ共通し、〈発酵回数、発酵温度、発酵時間〉などは作り手の任意としつつ、伝統にのっとった手作り製法のパネットーネを名乗るための条件として、〈材料の内容、配合、製法、販売期間〉などをこまかく規定している。質の高い本来の製法を広く正確に伝えていくために、なにより大事なことと思う。

店によっては、あえてバターやフルーツの配合に規定からはずれる独自の比率を取り入れたり、生地にシロップを打つなどの工程を加えたりしてオリジ

ナリティを出しているところもあるが、そうなると「パネットーネ」の名称を名乗
れない。パネットーネ界を代表するひとり、「パスティッチェリーア・タビアー
ノ・クラウディオ・ガッティ」のクラウディオ・ガッティがパネットーネでなく、
「フォカッチャ」という名称で販売しているのはそのためだが、その是非はとも
かく、一定の基準が整えられたことの意義は大きい。

ミラノで毎秋開催される見本市「レ・パネット
ーネ」の来場者数は2万人を超える。

パネットーネのイベントもスタート

パネットーネ文化を正しく継承していこうという動きは、また製菓界をあげての
イベントにも広がっている。スタートをきったのが、2008年から毎秋ミラノで
催されているパネットーネの見本市「レ・パネットーネ（Re panettone）」。「パ
ネットーネの王」といった意味だが、パネットーネを手作りする国内の菓子店
40店あまりが一堂に集まる大展示即売会で、一般の人々も安価に購入できる
場となっている。毎年、2日間の来場者数が2万人を数え、1万5000個もの
パネットーネが販売される驚くべき規模だ。会を主宰するのはジャーナリスト
でパネットーネに関する著書ももつスタニスラオ・ポルツィオ。

　同会は展示即売のほかに、パネットーネに関するセミナーや、コンクール
入賞者の発表を行っているが、著名なパティスリーシェフやジャーナリストが
審査するコンクールで上位に入れば、名誉であるだけでなく販売数も伸びると
あって、毎年多くの菓子店やレストランが応募しているようだ。

　その後、2016年には「レ・パネットーネ」から独立した組織「アッカデーミ
ア・マエストリ・デル・リエヴィト・マードレ・デル・パネットーネ・イタリアーノ
（Accademia maestri del lievito madre del panettone italiano）」が結成され、
講習会をはじめとする普及活動や、対象をイタリア国外にまで広げたコンクール
「パネットーネ・ワールドチャンピオンシップ（Panettone world championship）」
を開いている。

　こちらの発起人となったのは、マウリツィオ・ボナノーミ（パスティッチェリー
ア・メルロ・ディ・マウリツィオ・ボナノーミ）、ヴィンツェンツォ・ティーリ（ティーリ）、
クラウディオ・ガッティ（パスティッチェリーア・タビアーノ・クラウディオ・ガッティ）、
パオロ・サッケッティ（イル・ヌオーヴォ・モンド）、カルメン・ヴェッキオーネ（ド
ルチアルテ）など、イタリアで今、パネットーネのマエストロと呼ばれ、業界を
リードする面々である。

　最後に、近々のトピックとして挙げたいのは、ユネスコの無形文化遺産登
録を目ざす動きである。パネットーネの正しい技術の伝承はもちろん、土地に
根ざして形作られてきた歴史ある伝統と文化を保護し、世界へ発信したいとい
う願いから、「レ・パネットーネ」主宰者でもあるポルツィオが2018年から署
名運動などの活動を展開している。すでに登録された「地中海食」や「ナポ
リのピッツァ職人の技」に続く食の無形文化遺産登録に、私たちも大きな期待
を寄せている。

ヴェローナを中心とするパンドーロ文化

さて、ミラノのずっと東の町、ヴェローナで誕生したクリスマス菓子がパンドーロ。おそらくパネットーネと同じように起源は数百年をさかのぼることになるのだろうが、大きく変化し、ほぼ今の形に定着したのが1800年代後半のことである。

古くは「ナダリン（Nadalin）」と呼ばれていた星形の焼き菓子が「パンドーロ」の原形であるとする説が長く語られてきており、ナダリンは今でもヴェローナ近辺の菓子店で目にすることができる。地元ではパンドーロと同程度、あるいはそれ以上に食べられているという話も聞くほどだ。ただ星形であることは共通するが、ナダリンの高さは数cmほどと低く、アーモンドやあられ糖のようなデコレーションをするところがパンドーロと異なる。

パンドーロの原形とされている星形の菓子、ナダリン。

このナダリンをふんわりした大型でシンプルな発酵菓子、パンドーロに改良し、町の名物として広めたのが、ヴェローナの中心地にある創業1894年の菓子店「メレガッティ（Melegatti）」創業者のドメニコ・メレガッティだった。元種を作り、大量のバターや卵を使って、リッチでふっくらとした菓子に仕立てたのである。デコレーション素材は「生地の発酵にブレーキをかける」という理由で取り除かれ、今のような生地だけの背の高い星形菓子に。現在も使われている金属製の八角形の星形の型もドメニコ氏の考案だといわれる。

ネーミングも、当初は切り分けた時の鮮烈な黄金色の生地色から「黄金のパン──パン・ドーロ（pan d'oro）」と名づけられたが、町じゅうの人々から好評を得たことで類似品が増えることとなり、メレガッティは一計を案じた。唯一無二のものとして「パンドーロ Pandoro」と名称を変え、1894年、3年間の期限付きではあったが特許権を取得したのである。以降、この発酵菓子はパンドーロとして広まっていくことになる。

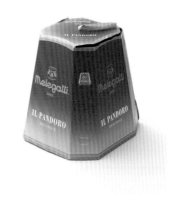

ナダリンをパンドーロに改良した立役者が、ヴェローナの菓子店「メレガッティ」。

元種はパネットーネと同様、各店がそれぞれに野生の酵母を培養して起こしたもの。リフレッシュを何度もくり返し、後半で卵やバター、砂糖を加えて生地を作り、香り高く焼き上げる。最近は、元種を水漬けしたり、発酵時間をこれまでより長くかけたりする現代的な製法を取り入れる店が増えているという。

ヴェローナではクリスマス菓子といえば、パネットーネよりもパンドーロが完全に浸透している。縦に溝に沿って切り分けるほか、横にスライスして星形にし、フルーツやホイップクリーム、砂糖菓子などで思い思いの飾りつけをするのが、この町恒例のクリスマスの楽しみ方のようだ。

参考文献：
『Il Panettone』
Stanislao Porzio 著
Guido Tommasi Editore 刊

パネットーネとパンドーロを作る前に

用語について

パネットーネ、パンドーロの製法を紹介する前に、キーワードとなる用語をリストアップしました。発酵生地に関する用語と、工程に関係する用語です。人によって、言葉の使い方や定義が若干異なることがあるかもしれません。本書では以下のように定義づけています。

≫ 酵母

「真核生物、単細胞生物、非運動性、光合成を行わない、形状が球形または卵形」といわれる微生物の総称。出芽によって増殖し、アルコール発酵を行う。市販のパン酵母（イースト）は自然界に存在する酵母を選別して、製パン性に優れた菌株を純粋培養したもの。

≫ 発酵液

最初に果物を砂糖水に浸け、数日間かけて発酵させて酵母の豊富な液体を作る。これが発酵液で、さらに小麦粉や水を加えて発酵させると元種となる。

≫ 元種（リエヴィト・マードレ）

穀物や果実の表皮に生息している野生の酵母や乳酸菌を取りこんだ、有害菌が生息できない酸性生地のこと。イタリア語ではリエヴィト・マードレ、パスタ・マードレ、リエヴィト・ナトゥラーレ等の呼び方がある。
本書では、ブドウ（マスカット・ベーリーA）から元種を起こす方法を紹介する。元種を起こしたら、種の活性を維持していくために、定期的にリフレッシュ（掛け継ぎ）していく必要がある。また、製品を作る工程の途中で、元種を取り分けることもできる。
一般的に「元種」はリエヴィト・マードレに限定されないが、本書では基本的にリエヴィト・マードレを指す。

≫ 中種

ミキシング最終段階の本捏ねの前段階を中種という。

≫ 本捏ね

ミキシング最終段階の工程で、このあとは分割〜成形に進む。パネットーネではバターや卵黄などの基本材料のほか、レーズンやオレンジの皮のコンフィなどをこの段階で混ぜる。

≫ ビガ種

ビガ種（biga）はイタリアの製パン用語で、パン酵母（イースト）を使った中種の一種。小麦粉、イースト、水でミキシング、発酵するもので、塩は入れない。本書では、パンドーロとパンで使用。

≫ リフレッシュ

元種に小麦粉と水を加え、捏ねて発酵させて元種の活性化を図ること。

≫ 水漬け

パネットーネ、パンドーロのモデルノ製法（現代製法）で行われる独特の工程で、元種を水に漬ける作業。元種の乳酸と酢酸のバランスが崩れると酸味、酸臭が強くなりすぎるほか、酸味につながる雑菌が繁殖する。水漬けすることにより酸味につながる雑菌が沈殿し、乳酸と酢酸のバランスを整える。状態が良いものは水に入れたあと、ほどなくして浮くが、悪いものは浮かないので元種の良し悪しを見極めることができる。リフレッシュ前の前処理として行う水漬けは10〜30分間ほど。0.2%の砂糖を加えた35℃のぬるま湯を使う。一方、生地を一晩保管するために水漬けを利用することもあり、その場合は水（18℃）に漬ける。

材料について

本書で紹介しているパネットーネ（バリエーションも含む）、パンドーロの材料のうち、主要なもの、特殊なものを解説します。風味のよい製品を作るには、製法を工夫するだけでなく上質の材料を使うことも大事。でき上がりの香り、味、食感に大きく影響してきます。

》 アマレーナ

イタリア中部で生産されるサワーチェリーの一種。色は赤黒く、酸味が強い品種で、ホールのままコンフィ（シロップ煮）にした製品を使う。

》 オレンジペースト

パネットーネのモデルノ製法（現代製法）で、風味づけに入れることが多い。市販品やオレンジの皮のコンフィをミンチにして使う例もあるが、本書では手作りのレシピを紹介［p.046］。

》 加糖卵黄（20％加糖）

卵黄80％、砂糖20％の割合で合わせた業務用の製品で、冷凍で流通。本書では「プレシャスエッグ」を使用。サルモネラ菌の汚染の心配がないが、泡立ちは通常の卵黄のほうがよい。
加糖卵黄（20％加糖）100gは、卵黄80gと砂糖20gの比率と等しいので、通常の卵黄とグラニュー糖を使う場合は次の計算式で算出するとよい。

卵黄の分量＝
加糖卵黄の分量×0.8

グラニュー糖の分量＝
加糖卵黄の分量×0.2

この分のグラニュー糖は、配合表にある他のグラニュー糖と一緒にして加える。

》 イースト
（インスタントドライイースト、セミドライイーストはフランス・ルサッフル社製、生イーストは国産製品を使用）

水分活性の違いで、生イースト、インスタントドライイースト、セミドライイーストなどがある。本書ではパンドーロのビガ種とコルネッティに生イースト、山の丸パンにセミドライイースト、その他のパンにインスタントドライイーストを使用。セミドライイーストは顆粒状の冷凍品で風味や発酵力はフランスの生イーストに近い。予備発酵がいらず水分にも溶けやすい。

》 カカオバター

カカオ成分のなかの油脂分で、カカオ由来の独特の香ばしい香りがある。溶かして、パンドーロに加えることが多い。

» バター

食塩不使用のもの。

» 蜂蜜

本書ではアカシアを使用。好みのもので
よい。

» 強力粉（セルヴァッジオ）

日清製粉が2021年に販売開始した粒
度の粗い小麦粉。「フォルテ」（カナダ
産小麦の粗挽き）と「ジャポネーゼ」（北
海道産小麦の粗挽き）の2種があり、本
書では発酵菓子向きのフォルテを使用。
市販の小麦粉には種類がいろいろある
が、違いは小麦のブレンドの方法や挽
き方にある。当製品は従来の小麦粉よ
り粒度が粗く、イタリアの小麦粉に近い
もので、パネットーネやパンのでき上が
りに口溶けや歯切れのよさをもたらして
くれる。成分は蛋白質が多く、それだ
け弾力があり伸びのよい生地ができる。
「セルヴァッジオ（selvaggio）」はイタ
リア語で「野趣的」という意味をもつ。

» グランマルニエ

フランス産のオレンジ風味のリキュール。

» フルーツのコンフィ

パネットーネの生地に入れるオレンジ
の皮とチェードロ（写真上小）の皮の砂
糖漬け。これらにレーズンを加えた3
種類のフルーツを入れるのがパネットー
ネの基本。チェードロはレモンを大きく
したような柑橘で、わたを含む厚い果
皮を砂糖漬けにして菓子に使う。イタリ
アのナポリ、ソレント一帯で生産されて
いる。

» マラスキーノ

マラスカ種のさくらんぼを原料にしたリ
キュールで、アーモンドに似た芳香が
ある。イタリア北東部からクロアチアに
かけて造られている。

» マルサラ

イタリア・シチリア産の酒精強化ワイン。
シェリー、ポルト、マデイラなどと同類
のワインで、イタリアでは菓子、料理に
幅広く使われる。辛口、半辛口、甘口
があるが、本書ではすべて甘口タイプを
使用。

» リモンチェッロ

イタリア・ソレント半島一帯で産出され
るレモン風味のリキュール。アルコー
ルにレモンの果皮を漬けて風味をつけ
ている。

» 転化糖

甘味料のひとつで、濃度のある液状で
流通している。吸湿性が高いため、生
地をしっとりさせる働きがある。

道具・機器・型について

通常の菓子作りに必要な道具や機器に加えて、パネットーネやパンドーロ専用に特別に揃えな
ければいけないものは多くありません。型と粗熱をとるための補助器具くらいでしょう。ミキサー
とオーブンは仕込みの量や予算に応じて、扱いやすく性能のよいものを選んでください。

≫ 型

パネットーネとコロンバは紙製、パン
ドーロは金属製の型がある。紙製の型
には底面に小さな穴が複数あいている
ものが多いが、焼成後に熱を逃がす通
気孔の役割を果たしている。
—

≫ オーブン

本書ではボンガード社製のラックオー
ブンを使用。焼成中はラックが回転し、
均質に焼ける。一度に焼く量は限られ
るが、デッキオーブン（固定窯）やス
チームコンベクションオーブンでもよい。

パネットーネ

1kg用：底面の直径21cm、高さ7cm
750g用：底面の直径16cm、高さ10cm
—

≫ キャンバス地とひも

元種の保管法にはいろいろあるが、そ
のひとつにコットン製の布地とひもで包
む方法がある。本書ではパネットーネ
のモデルノ製法で紹介している。元種
を包むには薄いほうが扱いやすい。発
酵が進んで元種が大きくふくらむと、布
地が張ってくるので、頑丈なひも（本書
では直径5mm、長さ5mのひもを使用）
でしっかり縛っておく必要がある。

パンドーロ

500g用：口径21cm、高さ16cm
250g用：口径17cm、高さ13cm

—

コロンバ

500g用：長径26cm、短径18cm、高さ
5cm

≫ ジーラ・パネットーニ

焼き上がったパネットーネやコロンバの粗熱をとるための補助器具。パネットーネを固定するための太い針が左右にたくさんついている。パネットーネを器具の中央に一列に並べ、生地の底に近い場所に左右から針を刺して固定し、逆さにしてラックにかける。1台に数個分を挟める。

≫ ホイロ（焙炉）

温度、湿度を一定に維持できる大型機器で、生地の発酵に使う。

≫ ミキサー

本書では3種類のミキサーを使い分けている。
—

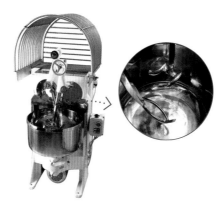

ダブルアームミキサー

アルトフェックス社製。2本のアームによって人間の手に近い動作をするミキサー。他のタイプのミキサーと比べ、混ぜ合わせる動作はゆっくり目で、時間はかかるが捏ね上げ温度が高くなりにくい。本書ではパネットーネの中種と本捏ね、パンドーロで使用。
—

縦型ミキサー（ドウフック型）

ゆるやかなカーブを描いてまっすぐに伸びたドウフック型を使用。生地をたたきつけながら捏ねる。小型なので少量の生地の仕込みに使いやすく、ミキサーのなかでもっとも普及している。本書ではリフレッシュ作業で使用。また、大量のバターを混ぜる際も縦型ミキサーを使っているが、フックをバタービーターに替える。
—

スパイラルミキサー

らせん状のフックとセンターバーのバランスで、滑らかで均一なミキシングが短時間でできる。本書ではパン生地で使用。

≫ リバースシーター

別名パイローラー。パイ生地などを均一に伸ばす機器。本書ではパネットーネのモデルノ製法（現代製法）のバリエーションでも利用。リフレッシュする際、生地を捏ねた後で複数回リバースシーターにかける。薄く伸ばし、圧を加えることで生地に力をつける。

Chapter 2

リエヴィト・マードレ
Lievito Madre

パネットーネ、パンドーロのいちばんの要は、「リエヴィト・マードレ」と呼ばれる元種です。元種を使い、強い発酵力をもったものに仕立てることで、初めて、口溶けがなめらかで味と香りのよい上質なパネットーネやパンドーロを作ることができます。

　ここではブドウを原料に砂糖と水を加えて「発酵液」を起こし、さらに強力粉と水でリフレッシュをくり返して「元種」に仕上げる方法を解説します。全粒粉などの穀物や、リンゴ、梨などでもできますが、今回はパネットーネと同様に発酵を活用して造るワインからの発想で、ワイン用ブドウ品種のマスカット・ベーリーＡを使用しました。

　最初に発酵液を作るのに少なくとも1週間、ここに強力粉と水を加えて捏ね、発酵させる工程を8〜10日間くり返してやっと元種が完成します。元種を作る際は必ず一部を取り分け、リフレッシュをして、次回の元種に活用します。こうすることで、半永久的に元種をつないでいくことができるのです。

作業の手順

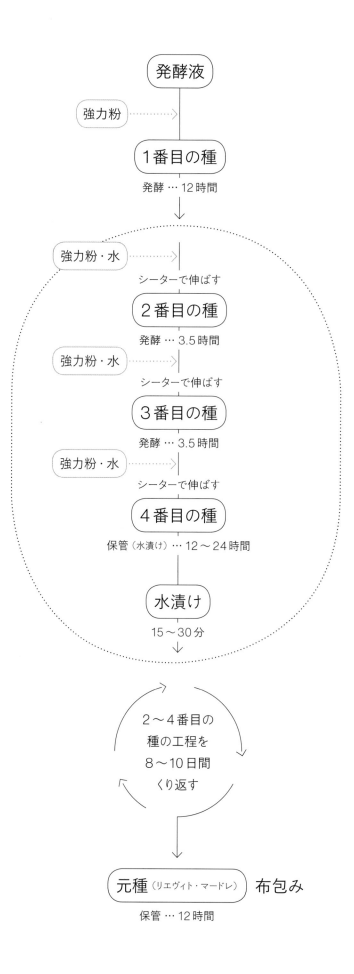

発酵液

強力粉 ………→

1番目の種

発酵 … 12時間

強力粉・水 ………→

シーターで伸ばす

2番目の種

発酵 … 3.5時間

強力粉・水 ………→

シーターで伸ばす

3番目の種

発酵 … 3.5時間

強力粉・水 ………→

シーターで伸ばす

4番目の種

保管（水漬け）… 12〜24時間

水漬け

15〜30分

2〜4番目の
種の工程を
8〜10日間
くり返す

元種（リエヴィト・マードレ）　布包み

保管 … 12時間

配合表

発酵液
ブドウ（マスカット・ベーリーA）… 200g
グラニュー糖 … 23g
ミネラルウォーター … 450g

1番目の種［1］
発酵液 … 100%
強力粉（セルヴァッジオ）… 200%

2番目の種［2］
1番目の種 … 100%
強力粉（セルヴァッジオ）… 100%
水 … 50%
＊2日目以降のリフレッシュでは、
水漬けの工程で生地が水分を吸っているので、
加える水を30〜35%にする。

3番目の種
2番目の種 … 100%
強力粉（セルヴァッジオ）… 100%
水 … 50%

4番目の種
3番目の種 … 100%
強力粉（セルヴァッジオ）… 100%
水 … 50%

準備

・ブドウは表皮についている野生の酵母が失われないよ
うに、摘みたてを洗わずに使う。
・発酵液を作るミネラルウォーターは20℃前後のもの
を使う（冷たすぎないこと）。
・発酵液を作るガラス瓶を煮沸消毒する。

1 ⇢ 発酵液

ブドウ、グラニュー糖、ミネラルウォーターを合わせ、
1日1回撹拌すると7〜10日間で発酵液ができます。

1

ビーカーにミネラルウォーター
とグラニュー糖を入れて溶か
し、ブドウを入れたガラス瓶
に注ぐ。

2

3

瓶の口をラップフィルムで覆
い、金串などで小さな空気
穴を3カ所ほど開ける。

4

室温（24〜27℃）で、毎日1
回瓶をふって撹拌しながら7
〜10日間、発酵させる。

徐々にブドウが浮かび上がっ
てくる。5日ほどで水面に気
泡が上がり、底に澱がたまっ
てくる。

5

| 1日目 | 2日目 | 3日目 | 4日目 | 5日目 | 6日目 | 7日目 |

6

5をガーゼで漉して、液体を
別の瓶に移す。ガーゼに残っ
たブドウは軽く握って絞り、水
分を液体の瓶に戻す。

7

でき上がった発酵液。冷蔵
庫で保管する。

2 → 1番目の種 • 捏ね上げ温度 … 27℃

発酵液と強力粉を合わせて捏ね、1番目の種を作ります。
これをもとに2番目の種以降のリフレッシュをくり返して酵母を増やし、発酵力をつけていきます。

1

縦型ミキサーに強力粉と発酵液を入れ、約10分間ミキシングする。

2

発酵液と強力粉が均質に混ざり、表面がべたつきのないなめらかな状態になればよい。

3

2の生地を台に取り出し、表面を張らせながら丸める。

4

5

6

ボウルに布を敷いて5の生地を入れて包む。

7

ホイロ（27℃・湿度60%）に入れ、12時間発酵させる。

8

1番目の種。

3 ⟶ 2〜4番目の種 • 捏ね上げ温度 … 27℃

リフレッシュをくり返して、元種に仕上げます。1日に3回ずつ、材料の配合も工程も同じことを続けると、1週間で発酵の力がつき始め、8〜10日間で安定した良好な元種になります。

2番目の種

1

1番目の種の表面はやや乾燥しているため、薄くそぎ落として内側の生地だけを使う。

2

縦型ミキサーに強力粉、1の種、水の順に加えて約5分間ミキシング。捏ね上げ温度の目安は27℃。

3

2を取り出してリバースシーターにかける。最初は何回か連続で通して徐々に薄くしていく。

4

種を三つ折りにし、90度回転して、3回連続で通す。この工程をあと2回くり返す。

5

4の種を台に移し、短い辺の端からロール状に巻く。

6

7

パンナイフで中央に十字の切り目を深く入れ、開く。切り目のふくらみ具合で発酵の良し悪しが判断しやすい。

8

ボウルに布を敷いて7の種を開いた状態で入れ、布をかぶせる。ホイロ（30℃・湿度60%）に入れ、3.5時間発酵させる。

3番目の種

1 発酵を終えた2番目の種。

2 2番目の種のプロセス1〜8と同様に作業する。

3 ホイロに入れる際の発酵温度、湿度、時間（30℃、湿度60%、3.5時間）も同じ。

4番目の種

1 2番目の種のプロセス1〜6と同様に作業して、種をロール状に丸める。

2 筒形容器に18℃の水を入れ、1の種を水漬けする。最初は沈む。

3 室温（24℃）で12〜24時間おく。種が浮き、表面が乾いて硬い表皮の状態になればよい。

4 3の種の乾いた表面を薄くそぎ落とし、内側の部分を少量ずつボール状に丸める。

5 0.2%のグラニュー糖を溶かしたぬるま湯（35℃）に10〜30分間漬ける（すぐに浮けば10分間くらいでよい）。

6 水漬けした生地を取り出し、軽く握って水分をきり、2番目の種-2〜4番目の種-5までの工程を同様に行う。種の発酵力が高まり、安定するまで8〜10日間毎日くり返す。最終的に、4番目の種-2の水漬け前のロール状の種を元種にする。

4 ⋯⟩ 元種（リエヴィト・マードレ）

でき上がった元種は、布で包んで18℃で保管します。
翌朝からパネットーネの仕込みに入ります。

1
元種が乾燥しないように、ポ
リ袋をぴったりと巻きつける。

2

3
2の上にキャンバス地をぴっ
たりと巻きつける。左右に飛
び出したキャンバス地は内
側に折りたたむ。

4
キャンバス地を固定しつつ、
ひもで縛る。ひもで縛ること
で発酵がゆっくりと進み、酸
の発生が抑えられる。

5
均等に圧力がかかるよう、数
cm間隔でひもをかけていく。

6
ひもの下に指1本が入る締
め加減がベスト。室温18℃
で12時間保管する。（元種を
数日間保管する場合は、p.044
Pointを参照）

リエヴィト・マードレで作る
さまざまな発酵菓子とパン

リフレッシュの方法、また生地の配合や具材を変えることで、
ひとつのリエヴィト・マードレがこれだけの多様な発酵菓子とパンに生まれ変わります。

パネットーネ・モデルノ［chapter 3｜p.036］

パネットーネ・クラッシコ［chapter 4｜p.062］

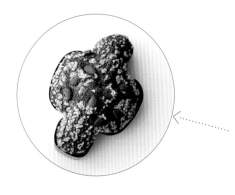

コロンバ・パスクワーレ［chapter 7｜p.110］

パンドーロ［chapter 6｜p.088］

イタリアのパン［chapter 8｜p.120］

ヴェネツィアーナ、バウレット、
ブォンディ、ルネッタ ［chapter 7｜p.114］

Chapter 3

パネットーネ・モデルノ
Panettone Moderno

縦方向に膨らみ、気泡は大きすぎず、小さすぎず、平均的に散らばっているのがよい焼き上がり。クープの縁もぐっと盛り上がっているのがベスト。

ここで解説するのは、いまイタリアで主流となっているモデルノ製法（現代製法）のパネットーネ。従来のクラッシコ製法（伝統製法〔p.062〕）に比べて、よりソフトでしっとりした、風味の豊かなパネットーネです。モデルノ製法はひとつの方法に絞られるわけではなく、リフレッシュの仕方など細部で各店が各様の工夫をしていて、そこにおもしろさがあり、研究の余地も十分にあると思われます。紹介している製法はイタリアの菓子店「パスティッチェリーア・メルロ・ディ・マウリツィオ・ボナノーミ」のマウリツィオ・ボナノーミから伝授された方法をベースにしたものです。

　モデルノに共通する工程のいちばんの特徴は、元種を「水漬け」すること。クラッシコ製法にはないもので、元種に繁殖する雑菌を落とし、乳酸と酢酸のバランスを整えます。また、発酵時間を長めにとって仕立てた口溶けのよい柔らかな生地や、オレンジペースト、洋酒類を加えたリッチな味わいもモデルノならではです。

作業の手順

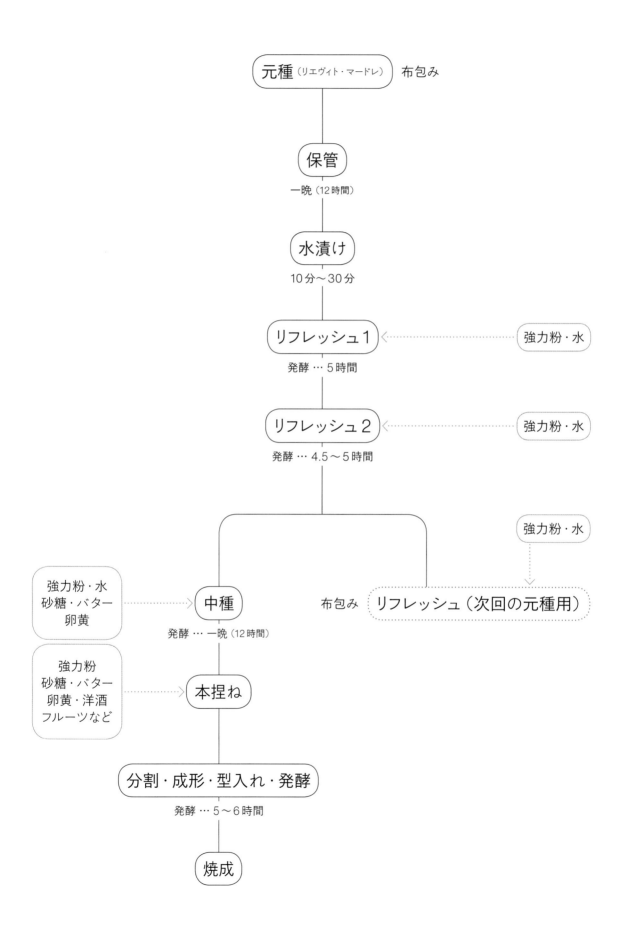

元種（リエヴィト・マードレ）　布包み

保管
一晩（12時間）

水漬け
10分〜30分

リフレッシュ１　←‥‥‥‥‥‥‥　強力粉・水
発酵 … ５時間

リフレッシュ２　←‥‥‥‥‥‥‥　強力粉・水
発酵 … 4.5〜５時間

強力粉・水

強力粉・水
砂糖・バター
卵黄
↓
中種　　　　　布包み　リフレッシュ（次回の元種用）
発酵 … 一晩（12時間）

強力粉
砂糖・バター
卵黄・洋酒
フルーツなど
↓
本捏ね

分割・成形・型入れ・発酵
発酵 … ５〜６時間

焼成

配合表

- 重量はベーカーズパーセント100%＝1000gの場合のグラム数。
- 中種の「リフレッシュ2の生地」の粉は外割（ベーカーズパーセントに含まない）。

	ベーカーズパーセント	重量

元種の水漬け

元種	－	600g
ぬるま湯（35℃）	－	4ℓ
グラニュー糖	－	8g

リフレッシュ1［1］

元種	－	600g
強力粉（セルヴァッジオ）	－	600g
水	－	280～310g

リフレッシュ2［2］

リフレッシュ1の生地	－	400～500g
強力粉（セルヴァッジオ）	－	600g
水	－	280～300g

中種［3］

リフレッシュ2の生地	22%	220g
強力粉（セルヴァッジオ）	69%	690g
グラニュー糖	16.5%	165g
バター	13.8%	138g
水	41.3%	413g
加糖卵黄（20%加糖）	8.3%	83g

本捏ね［4］

中種	全量	1,709g
強力粉（セルヴァッジオ）	31%	310g
グラニュー糖	6%	60g
塩	0.83%	8.3g
バター	45.5%	455g
加糖卵黄（20%加糖）	29.8%	298g
バニラビーンズ	強力粉1kgに対して0.7本	0.7本
オレンジペースト	6.9%	69g
オレンジ	右の分量で合わせたものを使用	180g
レモン		20g
グラニュー糖		80g
グランマルニエ		5g
グランマルニエ（果皮入り）	0.69%	6.9g
グランマルニエ	右の分量で合わせたものを使用	50g
オレンジの果皮（すりおろし）		1個分
レモンの果皮（すりおろし）		1/2個分
蜂蜜	6.9%	69g
転化糖	4.8%	48g
フルーツ		
オレンジの皮のコンフィ	34.5%	345g
チェードロの皮のコンフィ	6.9%	69g
レーズン	34.5%	345g
マルサラ	5.5%	55g

リフレッシュ（次回の元種用）

リフレッシュ2の生地	－	300g
強力粉（セルヴァッジオ）	－	600g
水	－	280～300g

1

2

3

4

＊写真3は「リフレッシュ2の生地」を、4は「中種」を、それぞれ含まない状態。

元種の水漬け、リフレッシュ1&2

1 ⟶ 元種の水漬け

リフレッシュの前処理として、元種を水に漬けます。

ポリ袋とキャンバス地で包み、18℃で保管しておいた元種を朝の時間帯に取り出して作業に入る。

元種は灰色がかっていない白色で、ベタつきのない状態がベスト。

厚さ2cmほどに切り分ける。

生地の重量を計っておく。

35℃のぬるま湯にグラニュー糖を溶かす。

元種を1枚ずつ入れる。すぐに浮き上がれば良好で、10～20分間ほど漬ければ充分。

上面が乾かないよう、時々裏に返す。浮くのに時間がかかった場合は30分間ほどおく。

水漬けが終わったら、両手で生地を挟んで水分を軽く絞る。

重量を計り、4の重量との差を出して、元種が吸収した水分量を把握する。

Point

適切な水漬け回数は?

ここで紹介した「1回目のリフレッシュ前の水漬け」の他に、夜間の保管の際に水漬けを行う方法もある［p.058］。2回にして効果を高めるという考え方だが、漬けすぎると風味も抜けてしまうのでは、といった見解もあり、イタリアの業界内でも意見が分かれるところだ。なお、水漬けして30分たっても生地が沈んだままだと、状態が悪いので使わないほうがよい。

2 ⇢ リフレッシュ1・捏ね上げ温度 … 27℃｜発酵温度／湿度 … 27℃／60％｜発酵時間 … 5時間

元種の発酵の力を少しずつ高めていくために、
強力粉と水を加えて捏ね、発酵させるというリフレッシュ作業を行います。

縦型ミキサーに強力粉、元種、水の順に入れて10分間、低速でミキシング。ここで加える水は、水漬けで生地が吸った分を配合表の水分量から減らし、状態をみて調整する。

生地がまとまったら取り出し、台に置く。表面を張らせながら球状に整える。

縦長の容器にポリ袋を敷き、生地を入れて強力粉を少量ふる（分量外）。

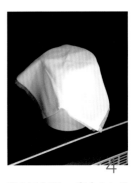

袋の口を閉じ、布巾をかぶせてホイロ（温度27℃、湿度60％）に入れる。5時間発酵させる。

発酵後の状態。約3倍にふくらみ、強力粉をふりかけた表面が割れている。

Point

発酵は縦長容器で

生地を縦長の容器に入れると、パネットーネに必要な縦方向に伸びる力がつく。写真の容器は直径15cm、高さ20cm。また、ホイロに入れる前に生地に強力粉をふりかけておくと、発酵後の上面の割れ方がわかりやすく、発酵状態を判断する目安になる。

3 ⇢ リフレッシュ2・捏ね上げ温度 … 27℃｜発酵温度／湿度 … 27℃／60％｜発酵時間 … 4.5〜5時間

もう1度、強力粉と水を加えて捏ね、2回目の発酵をさせます。
配合はやや違いますが、工程はリフレッシュ1と同じです。

リフレッシュ1の生地を取り出す。発酵状態がよいものはしっかりとふくらんでいる。

外側の面は若干乾燥しているため、ナイフで薄くそぎ落として内側の生地だけを使う。

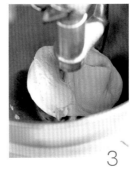

縦型ミキサーに強力粉、2の生地、水の順に入れ、約10分間、低速でミキシング。

リフレッシュ1の2〜5と同様に発酵させる。（中種はp.042へ。次回の元種はp.044へ。）

中種 •捻ね上げ温度 … 24℃｜発酵温度／湿度 … 24～25℃／75%｜発酵時間 … 一晩（12時間）

1 ⇢ リフレッシュ2の生地に中種材料を加え、ミキシング

中種材料は、強力粉と水のほかにグラニュー糖、バター、卵黄が加わります。
リフレッシュ2の生地に一度に加えて捻ね上げます。

1 リフレッシュ2の生地。発酵状態がよいものはしっかりと伸びている。

2 外側の乾燥している面を薄くそぎ落として内側の生地だけを使う。

3 ダブルアームミキサーに2を入れ、強力粉、グラニュー糖を加える。

4 続けて、バター、卵黄を加え、水は分量の80%分を入れて低速でミキシング。

5 5分間ほど捻ねて生地がなめらかになってきたら、残りの水を徐々に加えながらミキシングする。

6 生地の弾力が徐々に出てくる。

7 生地を伸ばして最終確認する。薄い膜状になればよい。

Point

捻ね上げ温度を守る

捻ね上げ温度は、発酵の良し悪しを左右する重要なポイント。一定温度に設定し、撹拌中から時々生地の温度を確認する。高い場合は氷水または冷水、低い場合はぬるま湯をミキサーボウルに当てて、目標温度に近づける。最終的に1～2℃の誤差の範囲なら、高い場合は次の発酵工程で温度をやや低く時間を短めに、低い場合は温度をやや高く、時間を長めにするなどして調整する。

2 → 一晩発酵させる

中種を番重に入れ、ホイロで一晩発酵させます。
3〜3.5倍ほどに発酵すれば状態は良好です。

中種を番重に移す。およそ3
倍量に発酵する。

生地を両手で持ち上げて、半
分に折りたたむような工程を
数回くり返す。

2の作業を連続して行うこと
で、外側になる面を伸ばして
張りをもたせる。

番重の中央に生地を置く。

発酵状態を膨倍率で判断す
るために、サンプルとして少
量の中種を目盛り付きビー
カーに詰める（右下のPoint
参照）。

番重とビーカーをホイロ（温
度24〜25℃、湿度75%）に
入れて、一晩（12時間）発
酵させる。

Point

発酵状態を判断する「膨倍率」

発酵がうまく進んだかどうかを正確に判断するのに、「膨
倍率」を利用する方法がある。本ページの工程2-5で
ビーカーに中種を詰めているのがそれで、発酵前と発酵
後の生地の各体積を比較する（発酵後のふくらみは
p.046を参照）。今回の場合は約3倍を目指しており、
膨倍率は3〜3.5。目盛り付きのビーカーを用い、生地
を底面に密着させながら平らに詰め、発酵後に3〜
3.5倍にふくらんでいることを確認して次の作業に入る。

リフレッシュ（次回の元種用）・捏ね上げ温度 … 23℃｜保管温度 … 18℃｜保管時間 … 一晩（12時間）

リフレッシュ2の生地の一部を、次回の元種に使います。
強力粉と水を加えてミキシングするリフレッシュを行い、布で包んで保管します。

リフレッシュ2の生地。半分に切り、気泡の入り方などをチェックする。

外側の乾燥した面を薄くそぎ落とし、内側の生地だけを使う。

一晩保管する間に生地の温度が上がりやすいので、捏ね上げ温度を守る。

縦型ミキサーにすべての材料を入れ、約10分間、低速でミキシング。

生地がまとまったらミキサーから取り出して台に置き、表面を張らせるように丸める。

表面をなめらかにしながら筒形に整える。

生地にポリ袋をぴったりと巻きつける（キャンバス地だけでは乾燥しやすいため）。

キャンバス地に置いて、端から転がして巻きつける。

両端の布地を内側に折り、ひもをかける。少しずつ位置をずらしながら十字に縛る。

生地が膨張するため、指1本が入る締め加減がベスト。室温18℃で一晩おく。

Point

元種を布で包む理由は

ポリ袋だけで密封すると、発酵が進むうちに生地がふくらみ、破裂する危険性がある。それを防ぐ目的で布で包み、ひもで縛る。縛ることで発酵がゆっくりと進み、酸の発生が抑えられる。

元種を数日間おくには

紹介している方法は元種を毎日リフレッシュする場合で、18℃の室温で保管するが、数日間おく場合は冷蔵（5℃）がよい。ただ、そのあと使う場合は、発酵の力が弱まっているのでリフレッシュを1週間ほどくり返して元の力に戻す必要がある。

フルーツの仕込み

3種類のフルーツは中種の仕込みの日に準備し、
一晩味をなじませて、翌日の本捏ね後に加えます。

1

レーズンはさっと水洗いして
から水気をふき、オレンジの
皮とチェードロの皮の両コン
フィと合わせる。

2

風味づけに使うマルサラ。

3

1のフルーツにマルサラを加
える。

よく混ぜ、ラップをかけて冷
蔵庫で一晩漬ける。

4

本捏ね ・捏ね上げ温度 … 24℃

1 → オレンジペーストの仕込み

市販品のオレンジペーストを
利用することもできますが、
手作りすれば風味のよい、
上質なパネットーネになります。

1… オレンジとレモンをそれぞれ4つ割りに
して軸と種子を取り除く。果皮と果肉を小さく
切り分ける。
2 …1をフードプロセッサーに入れ、グラ
ニュー糖とグランマルニエを加えて撹拌し、
ペーストにする。

2 → 中種の発酵状態をチェック

本捏ねに入る前に、中種の発酵がうまく進んでいるかを
ビーカーに入れたサンプルの膨倍率で確認します。

左は中種の仕込みの最後に、
膨倍率を見るためにビーカー
に入れた少量の生地［p.043］。
右のように一晩の発酵で3〜
3.5倍量にふくらめば良好。

番重に入れた中種は一晩の
発酵で柔らかくふくらんでいる。

3 ⇢ 中種に砂糖、強力粉、卵黄などを加えてミキシング

本捏ねも、中種と同様にダブルアームミキサーで。
中種に材料をひとつずつ加えながらミキシングします。

中種を取り出しやすくするために、ドレッチ（カード）を使って番重の側面、底面から生地をはがす。

中種の全量をミキサーに移す。

ミキサーボウルの底に中種が広がっている状態にする。

あらかじめバニラビーンズを合わせておいたグラニュー糖を加える。

強力粉を加える。

ここからミキシング開始。最初は粉が飛び散らないように低速で。

強力粉が中種になじむまでミキシングする。

ミキサー速度を中高速に変え、卵黄を1/3量ずつ加える。

卵黄が生地に混ざったら、2回目の卵黄を加える。

残りの卵黄を加える。卵黄を入れるタイミングはおよそ2分間隔。

卵黄が生地に完全に混ざるまでミキシングする。

4 → オレンジペーストとバターなどを加える

フルーツを除く残りの材料をひとつずつ加えてミキシングします。
バターは量が多いので最後に複数回に分けて加えます。

中種にオレンジペーストを加
えて1〜2分間ミキシング。

グランマルニエ（果皮入り）を
加え、1〜2分間ミキシング。

続けて転化糖を加えて1〜2
分間ミキシング。よりしっとり
した食感にでき上がる。

徐々に生地がミキサーボウ
ルからはがれてくる。

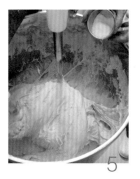

塩を加えて生地を引き締める。

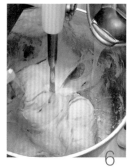

蜂蜜を加える。

なめらかさが出てくるのを目
安に、さらに3分間ほどミキ
シング。

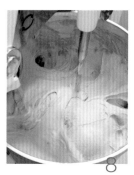

バターは均一に混ざるように
写真のような大きさに切り分
けておく。1分間隔くらいで3
回に分けて加える。

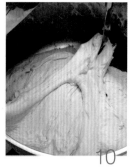

バターを入れ終えたら、4〜
5分間ミキシング。バターは
生地のベースを作ってから、
最後に混ぜる。

5 ⋯> 捏ね上がりをチェック

最後にレーズンなどのフルーツを入れる前に、
生地を薄く伸ばして状態を最終チェックします。

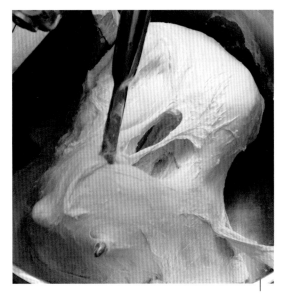

バターを混ぜ終えた生地は
つやがあり、ミキサーボウル
からきれいにはがれる。

生地を伸ばして最終確認。
薄い膜状になれば完成。

6 ⋯> フルーツを加える

最終段階でフルーツを混ぜ入れます。
これでパネットーネ生地の完成です。

前日にマルサラに漬けてお
いたオレンジとチェードロの
各皮のコンフィとレーズン
[p.045]。

本捏ねを終えた生地にフ
ルーツをすべて加える。

生地にフルーツが均等に混
ざるまで2分間ほどミキシン
グ。最後に、ミキサーの中で
約10分間やすませて生地を
落ち着かせる。捏ね上げ温
度は24℃。

分割・成形・型入れ・発酵

・発酵温度／湿度 … 34℃／60%｜発酵時間 … 2時間
・発酵温度／湿度 … 32℃／60%｜発酵時間 … 3〜4時間

1 ⟶ 分割・計量する

生地を1個分の大きさに分割します。焼成時の水分の蒸発を考慮して
1kg用なら1120gを目安に。スケールできちんと計量します。

1

生地がくっつかないように、
台に柔らかくしたバター（分
量外）を薄くぬる。

2

本捏ねした生地を取り出し、
台に置く。

3

スケッパーで分割する。

4

計量する（1kg用なら1120g）。

2 ⋯> 成形・型入れする

1個ずつ生地を丸めます。表面を張らせるようなイメージで
外側の生地を伸ばしながら丸く整え、紙型に入れます。

1

生地の真ん中あたりに指を
差し込み、持ち上げる。

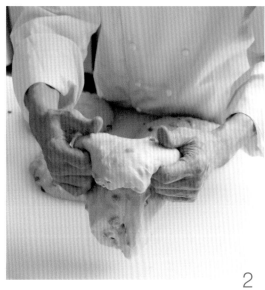

2

二つ折りにするイメージで置
き直す。

3

4

中央の伸びた生地の表面を
さらに伸ばし、底に巻き込む
イメージで、持ち上げては置
き直す。これを5回ほどくり
返して丸く整えていく。

5

表面が張った状態。

6

丸めて形を整え、20分間ほ
どやすませる。

7

再び、1〜4を3回ほどくり
返す。形を整えて10分間や
すませたのち1〜4をさらに
5回くり返す。

8

再度表面を張らせる。丸めす
ぎて生地を傷めないこと。

9 生地の形を崩さないように紙型に入れる（写真は幅広タイプの型）。

10 生地は柔らかいので、しばらくすると広がる。

3 → 発酵させる

型に入れた状態で、焼成前の最後の発酵。
ホイロに入れ、2段階の温度で計5〜6時間かけます。

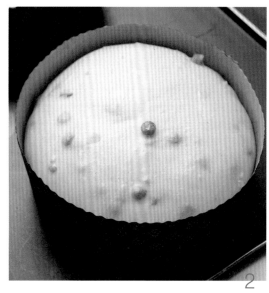

1 34℃、湿度60％で2時間、そのあと32℃に落として3〜4時間発酵させる。

2 型の縁すれすれまで発酵した状態。

焼成

1 ⋯⟩ クープを入れる

焼く直前に十字の切り目を入れます。
バゲットのクープと同じで、生地が伸びてボリュームが増し、
火も通りやすくなります。

刃先の鋭利なクープナイフで
浅く切り目を入れる。

向きを変え、十字の切り目
にする。

2 ⋯⟩ 窯入れ

焼成は160℃で50分間。ラックが回転しながら
火が入るラックオーブンを使うと、ムラなく均質に焼けます。

型に入れたパネットーネ生地
を天板に並べてオーブンへ。

焼き始めてしばらくすると、生
地が伸びてくる。

クープが割れて、ふくらみが
大きくなる。

5

ほぼ焼き上がり。型の高さ
の2倍以上にふくらみ、表面
が濃いキツネ色に色づいて
いる。クープが勢いよく割れ
ているのもよい状態。

3 ⋯> 窯出し

焼き上がったパネットーネはオーブンから取り出して、
しぼまないうちにすぐに逆さにして吊るし、粗熱をとります。

1 パネットーネを吊るす「ジー
ラ・パネットーニ」。左右から
針を刺して止める仕組み。

2 オーブンからパネットーネを
取り出す。すぐにしぼむので、
吊るすまで素早く行う。

3 ジーラ・パネットーニの中央
に等間隔に並べる。

4 枠を両サイドから中央に寄
せて、左右から針を刺す。
紙型の下のほうに刺さる。

5 すばやく逆さにする。

6 ジーラ・パネットーニごと、
ラックにかける。

Column

ジーラ・パネットーニ登場以前

現在は粗熱をとるのに「ジーラ・パネットーニ（gira panettoni）」
を使うのが一般的だが、この道具の登場以前は藤かごが使わ
れた。パネットーネが入る大きさのかごに1個ずつ、上下をひっ
くり返して入れるのだ。かごの縁でパネットーネがとまるので、上
面が底にくっついてつぶれることはない。
ミラノ近郊に、現在もこの方式を受け継いでいる店がある。「パ
スティッチェリーア・アンジェロ・ポレンギ（Pasticceria Angelo
Polenghi）」で、ここが唯一と聞く。イギリスのBBC放送でも紹
介されたそうで、私たちも見学に行った。かごのひとつひとつに
歴史の重みがあり、味わい深いものだったが、劣化が進んでい
るということで、ジーラ・パネットーニに替わる日は近いかもしれ
ない。

『Dolce Natale
Panettone e pandoro
Una tradizione italiana』
Giuseppe Lo Russo 編
Fratelli Alinari 刊

7

粗熱がとれるまで、一晩吊るす。

パネットーネ・モデルノ 製法のバリエーション

モデルノ製法は、工程前半のリフレッシュの仕方にいくつか異なる手法があります。ここで紹介する方法は、リフレッシュのたびに三つ折りにしながら複数回リバースシーターにかけ、また元種を一晩保管する際に布で包まず、水に漬けるのが特徴です。

作業の手順

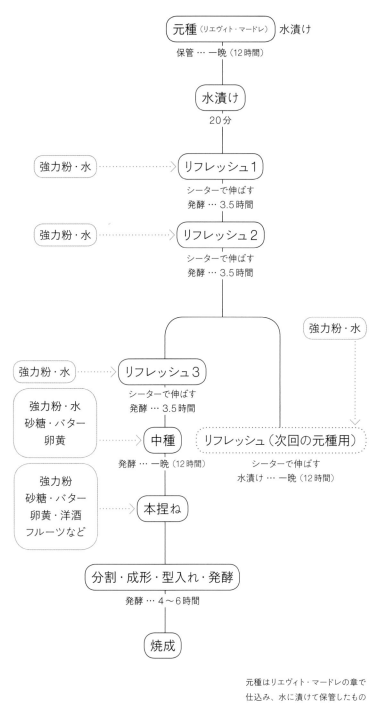

元種（リエヴィト・マードレ）水漬け
保管 … 一晩（12時間）

水漬け
20分

強力粉・水 ┄┄┄> リフレッシュ1
シーターで伸ばす
発酵 … 3.5時間

強力粉・水 ┄┄┄> リフレッシュ2
シーターで伸ばす
発酵 … 3.5時間

強力粉・水 ┄┄┄> リフレッシュ3
シーターで伸ばす
発酵 … 3.5時間

強力粉・水
砂糖・バター
卵黄 ┄┄┄> 中種
発酵 … 一晩（12時間）

強力粉・水 ┄┄┄> リフレッシュ（次回の元種用）
シーターで伸ばす
水漬け … 一晩（12時間）

強力粉
砂糖・バター
卵黄・洋酒
フルーツなど ┄┄┄> 本捏ね

分割・成形・型入れ・発酵
発酵 … 4〜6時間

焼成

元種はリエヴィト・マードレの章で仕込み、水に漬けて保管したものを使用。

配合表

水漬け
元種 … 700g
ぬるま湯（35℃）… 4ℓ
グラニュー糖 … 8g
—

リフレッシュ1
元種 … 700g
強力粉（セルヴァッジオ）… 700g
水 … 210〜245g
—

リフレッシュ2
リフレッシュ1の生地 … 700g
強力粉（セルヴァッジオ）… 700g
水 … 350g
—

リフレッシュ3
リフレッシュ2の生地 … 700g
強力粉（セルヴァッジオ）… 700g
水 … 350g

リフレッシュ（次回の元種用）
リフレッシュ2の生地 … 500g
強力粉（セルヴァッジオ）… 500g
水 … 230〜250g
—

＊ 中種（リフレッシュ3の生地を使用）と本捏ねの配合はp.039を参照。

1 ⟶ リフレッシュ1・捏ね上げ温度 … 27℃ | 発酵温度/湿度 … 30℃/60% | 発酵時間 … 3.5時間

水に漬けて保管しておいた元種を、水漬けの前処理をしたのち、
強力粉と水でリフレッシュ。これをリバースシーターに通してから発酵させます。

生地の表面を薄くはぎ、内側の生地をこぶし大ほどに丸める。

グラニュー糖を溶かしたぬるま湯に生地を入れ、水漬けする。時間をおかずに浮けば良好。

20分間ほど漬けたら、取り出して手のひらで挟んで水分を絞る。

縦型ミキサーに、強力粉、3の元種、水の順に入れて5分間、低速でミキシング。

生地を取り出し、リバースシーターにかける。

縦長になった生地をロール状に丸め、中央に、斜めに十字の切り目を入れる。

切り目が開くように二つ折りにする。布巾を敷いたボウルに入れ、生地の上に布巾をかける。

ホイロ（温度30℃、湿度60%）に入れて、3.5時間発酵させる。切り目を入れておくと発酵状態がわかりやすい。

Point

リバースシーターのかけ方

1 … 3回連続で通して平らに伸ばす。
2 … 三つ折りにして、90度回転する。
3 … 1〜2を3回くり返す。
複数回シーターで圧力を加えることで、生地に力がつく。

Point

元種を水に漬けて保管する場合は

元種の状態を一定に保つために、目安として、18℃の水で行う。また、水から出ている生地の表面に雑菌をつきにくくするため、24℃の室内に置いて表面を乾燥させる。

2 ⋯⟶リフレッシュ 2&3 ・捏ね上げ温度 … 27℃ | 発酵温度/湿度 … 30℃/60% | 発酵時間 … 3.5時間

リフレッシュ1の生地をさらに2回、同様にリフレッシュします。
でき上がった生地はp.042と同じ方法で中種→本捏ねへ。

1

強力粉、リフレッシュ1の生
地（表面をそぐ）、水を5分間
ミキシング。

2

生地を取り出し、リバース
シーターにかける。

3

縦長になった生地をロール
状に丸める。

4

中央に、斜めに十字の切り
目を入れる。

5

二つ折りにし、布巾を敷い
たボウルに入れる。生地の
上にも布巾をかける。

6

ホイロ（30℃、湿度60%）に
入れて、3.5時間発酵させる。

7

6のリフレッシュ2の生地を、
リフレッシュ3用と次回の元
種用に分ける。

8

リフレッシュ3はもう一度、
工程1〜6をくり返す。

3 ⋯⟶リフレッシュ（次回の元種用）・捏ね上げ温度 … 27℃ | 保管温度 … 室温（24℃）| 保管時間 … 一晩（12時間）

リフレッシュ2の生地で、次回の元種を作ります。これまでと同様に
強力粉と水を加えてミキシングし、シーターにかけ、水に漬けて保管します。

1

リフレッシュ2の生地の表面
をそぎ落とし、強力粉、水と
ともに5分間捏ねる。

2

生地をリバースシーターにか
け、ロール状に丸める（方法
は上記と同じ）。

3

生地の5倍以上の容量のあ
る容器に水（18℃）を張り、
2の生地を入れる。

4

生地は沈むが、よい発酵状
態なら1.5時間ほどで浮いて
くる。室温で一晩保管。

Column

瓶で焼くパネットーネ

イタリアでは、最近になって耐熱ガラスの瓶に密封した パネットーネが登場するようになりました。革新的な菓子 店や、若者に人気のカフェなどで時々見かけます。容量 は250g前後が多く小ぶりですが、意外性もあるし、見 た目がおしゃれなところがヒットしている理由でしょう。真 空にするので、より長期に保存できるところもメリットです。 焼き上がった直後に蓋を閉めないと真空にならないので、 スピーディーに行うことが大事です。

作り方

1 … パネットーネ生地（p.039参照）250g分を丸めて、耐熱 ガラスの瓶（容量750ml。煮沸消毒したもの）に入れる。
2 … ホイロ（30℃、湿度60%）に入れて4時間発酵させる。
3 … コンベクションオーブン（160℃）で30分間焼く。
4 … 焼き上がったら、すぐに蓋を閉めて蓋側を下にして粗熱を とり、真空にする。

Chapter 4

パネットーネ・クラッシコ
Panettone Classico

1990年代まで、長くパネットーネの主流を占めていたのが、クラッシコ製法です。イタリアでは、今でも老舗の菓子店の多くがこの伝統製法を守り続けており、パネットーネのスタンダードとしての地位を築いています。

製法の詳細を見ると、モデルノに比べて材料がシンプルで、中種までの発酵時間は短め。水漬けも行いません。元種のつなぎ方も、リフレッシュを1回行うだけなので、安定した力のある元種を維持するには1回1回の作業に、より慎重さが求められると言えるでしょう。

でき上がりの形は、縦長に仕立てることの多いのがクラッシコのパネットーネ。直径が短く、高さのある紙型を使うからで、右の写真もそのように焼き上げたものです。

作業の手順

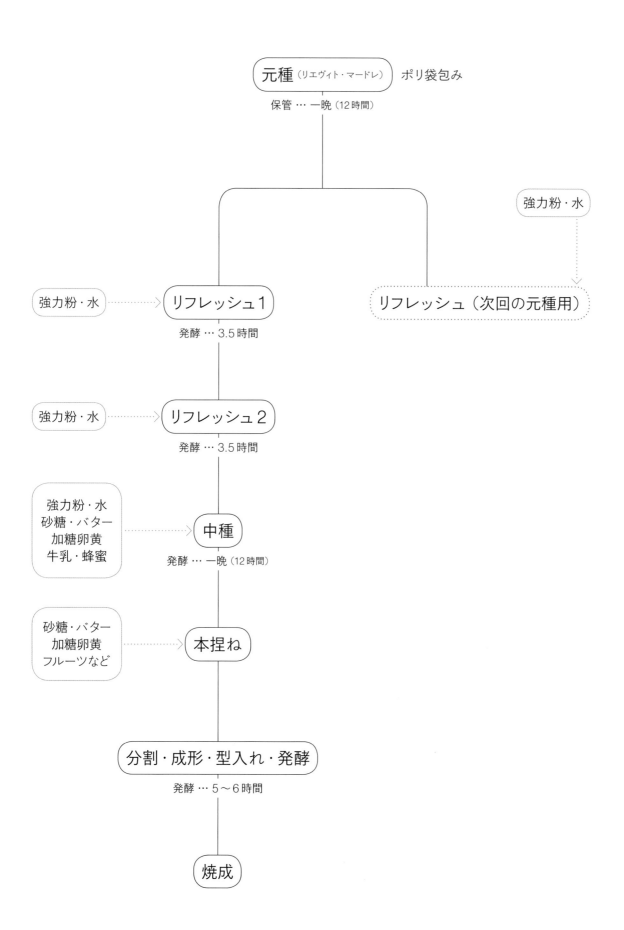

元種（リエヴィト・マードレ）ポリ袋包み

保管 … 一晩（12時間）

強力粉・水

リフレッシュ1

リフレッシュ（次回の元種用）

発酵 … 3.5時間

強力粉・水

強力粉・水

リフレッシュ2

発酵 … 3.5時間

強力粉・水
砂糖・バター
加糖卵黄
牛乳・蜂蜜

中種

発酵 … 一晩（12時間）

砂糖・バター
加糖卵黄
フルーツなど

本捏ね

分割・成形・型入れ・発酵

発酵 … 5〜6時間

焼成

配合表
- 重量はベーカーズパーセント100%＝1000gの場合のグラム数。
- 中種の「リフレッシュ2の生地」の粉は外割（ベーカーズパーセントに含まない）。

	ベーカーズパーセント	重量
リフレッシュ1［1］		
元種	－	600g
強力粉（セルヴァッジオ）	－	600g
水	－	280〜310g
リフレッシュ2［2］		
リフレッシュ1の生地	－	600g
強力粉（セルヴァッジオ）	－	600g
水	－	280〜310g
中種［3］		
リフレッシュ2の生地	22.8%	228g
強力粉（セルヴァッジオ）	100%	1,000g
バター	16.3%	163g
グラニュー糖	17.4%	174g
加糖卵黄（20%加糖）	13%	130g
牛乳	53%	530g
蜂蜜	3.26%	32.6g
水	10%	100g

	ベーカーズパーセント	重量
本捏ね［4］		
中種	全量	2,357.6g
バター	25%	250g
グラニュー糖	14.5%	145g
バニラビーンズ	強力粉1kgに対して0.8本	0.8本
加糖卵黄（20%加糖）	39%	390g
牛乳（硬さ調整用）	少量	少量
塩	1.1%	11g
フルーツ		
オレンジの皮のコンフィ	10.87%	108.7g
チェードロの皮のコンフィ	10.87%	108.7g
レーズン	81.5%	815g
リフレッシュ（次回の元種用）		
元種	－	300g
強力粉（セルヴァッジオ）	－	600g
水	－	288〜300g

＊写真3は「リフレッシュ2の生地」を、4は「中種」を、それぞれ含まない状態。

1 ⇢ リフレッシュ 1 • 捏ね上げ温度 ⋯ 24℃ | 発酵温度／湿度 ⋯ 30℃／60% | 発酵時間 ⋯ 3.5時間

元種の発酵の力を少しずつ高めていくために、強力粉と水を加え、
発酵させるリフレッシュ作業です。まずは1回目。

1

元種を用意する（「リエヴィト・
マードレ」の章で仕込んだ元種
[p.034]。

2

元種の表面が乾燥している
場合は、ナイフで薄くそぎ落と
して、内側の生地だけを使う。

3

縦型ミキサーに強力粉、2
の元種、水の順に入れて10
分間、低速でミキシング。

4

生地がまとまったら台に取り
出し、丸く形を整える。

5

ボウルにポリ袋を敷き、生地
を置く。ボウルは、発酵した
生地がちょうど収まるサイズ
を選ぶ。

6

袋を生地に密着させないよう
に口を閉じ、布巾をかぶせ
る。ホイロ（温度30℃、湿度
60%）で3.5時間発酵させ
る。

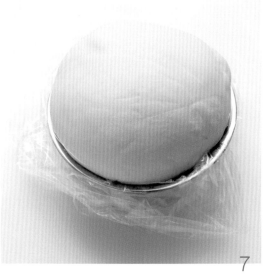

7

リフレッシュ1の生地。約3
倍に発酵した状態。

リフレッシュ（次回の元種用） ● 捏ね上げ温度 … 22℃ │ 保管温度 … 18℃ │ 保管時間 … 一晩（12時間）

次回の元種を仕込みます。

元種に強力粉と水を加えてリフレッシュを行い、ポリ袋で一晩保管します。

1

元種（「リエヴィト・マードレ」の章で仕込んだ元種〔p.034〕）を用意する。

2

リフレッシュ1と配合は異なるが、材料と工程は同じ。一晩保管する間に生地の温度が上がりやすいので、捏ね上げ温度を守る。

3

縦型ミキサーに強力粉、元種、水の順に入れ、約10分間、低速でミキシング。

4

生地がまとまったら、取り出して形を整える程度に軽く丸める。

5

ポリ袋を敷いたボウルに生地を置く。

6

袋の口を閉じ、布巾をかぶせて18℃に設定した室内で一晩おく。

7

発酵した、次回の元種。

Column

次回の元種のリフレッシュは夕方に行う

リフレッシュ1の工程は朝から作業する。一方、次回の元種用のリフレッシュは通常夕方に行い、一晩おくことが多い。そこで、日中に生地の発酵が進んだり劣化したりしないよう、夕方まではポリ袋で包んで冷蔵庫（5℃）で保管しておく。

2 → リフレッシュ 2 ・捏ね上げ温度 … 24℃｜発酵温度／湿度 … 30℃／60％｜発酵時間 … 3.5時間

もう一度、強力粉と水を加えて捏ね、2回目の発酵をさせます。
配合も工程もリフレッシュ1と同じです。

外側の面は若干乾燥しているため、ナイフで薄くそぎ落として内側の生地だけを使う。

縦型ミキサーに強力粉、1の生地、水の順に入れ、約10分間、低速でミキシング。

生地がまとまったら台に取り出し、表面を張らせながら球状に丸める。

ポリ袋を敷いたボウルに生地を置く。袋の口を閉じて、布巾をかぶせてホイロ（温度30℃、湿度60％）で3.5時間発酵させる。

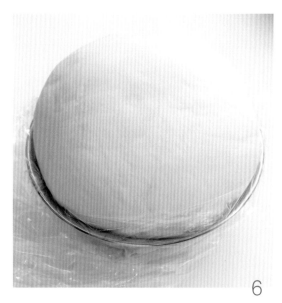

リフレッシュ2の生地。約3倍に発酵した状態。

3 → 中種 • 捏ね上げ温度 … 24℃ | 発酵温度／湿度 … 24〜25℃／75% | 発酵時間 … 一晩（12時間）

モデルノと異なるのは、中種の段階で強力粉をすべて入れてしまうこと。
やや硬めの生地になります。

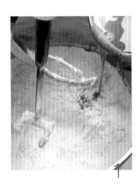

1 ダブルアームミキサーに最初に強力粉を入れ、リフレッシュ2の生地以外の材料を加えていく。

2 卵黄、バター、グラニュー糖、牛乳、蜂蜜、水を順次入れ、低速で約5分間ミキシング。

3 材料がほぼ混ざった時点で、リフレッシュ2の生地（表面をそぎ落としておく）を加える。

4 約15分間ミキシング。途中、生地がまとまってきた時点で高速にする。

5 生地が均一につながり、伸ばした時に薄い膜が張るようになればよい。

6 生地を番重に移し、何回か軽く折りたたむようにして表面を張らせる。ホイロ（24〜25℃、湿度75%）で一晩（12時間）発酵させる。

7 膨倍率で発酵状態を判断するために、少量の中種を目盛り付きビーカーに詰め、これもホイロへ。

4 →本捏ね • 捏ね上げ温度 … 24℃

中種にさらに卵黄やバターを加え、最後にフルーツを混ぜます。
ダブルアームミキサーで45分間ほどかけてミキシングします。

発酵を終えた中種。

膨倍率を見るためにビーカーに入れておいた発酵前の中種。

発酵後。体積が3倍に発酵していれば良好。

ダブルアームミキサーに中種を入れる。

まず、中種のみを捏ねる。低速で1〜2分間、高速に変えて約10分間ミキシング。

生地の状態を確認。薄く伸びるようになればよい。

材料を少しずつ加えながらミキシング。まず、バニラビーンズを合わせておいたグラニュー糖の1/2量を加える。

次に、卵黄の1/3量を加え、低速で5分間ミキシングする。

混ざったら、残りのグラニュー糖、卵黄の1/3量を加えて、低速のまま約5分間ミキシング。

塩、残りの卵黄を加えて、低速で軽く捏ね、高速に変えて約10分間捏ねる。生地が硬いようであれば、牛乳を加えて調整する。

材料が均等に混ざり、生地がなめらかになったら、バター1/2量を加えて6〜7分間、残りのバターを加えてさらに6〜7分間ミキシング。

生地を引っ張って伸ばした時に薄い膜になればよい。

フルーツを2回に分けて加え、均等に混ざるまで2分間ほどミキシングする。捏ね上げ温度は24℃。

ミキサーの中で約10分間やすませて生地を落ち着かせる。持ち上げると、モデルノ製法よりもやや締まっている。

Point

クラッシコ製法の特徴

・強力粉をすべて中種で入れ終わるので、本捏ねで調整できないところにやや扱いの難しさがある。
・モデルノ製法ではフルーツを洋酒でマリネしてから生地に入れるが、クラッシコではそのまま。マリネしない分、フルーツの柔らかさはモデルノに及ばないが、よりフルーツそのものの風味を感じられる。また、オレンジペーストやオレンジ、レモンの皮のすりおろしも加えない。

5 →分割・成形・型入れ・発酵 •発酵温度/湿度 … 30℃/60% | 発酵時間 … 5〜6時間

本捏ね後は、モデルノとほぼ同じ工程です。
紙型は縦長（直径16cm）のものを使います。

1

生地がくっつかないように、台に柔らかくしたバター（分量外）を薄くぬる。

2

生地を台に置き、スケッパーで1個ずつに分割する。

3

スケールで計り（750g）、過不足があれば調整する。

4

表面を伸ばして張らせるイメージで、丸く整えていく。まず生地を持ち上げる。長く伸びるので、二つ折りにするように置き直す。

5

向きを変えながら、外側になる生地を伸ばす。これを5回ほどくり返し、丸く整える。

6

10分間ほどやすませ、生地をゆるめる。もう一度、4〜5を5回ほどくり返して丸く整える。

7

生地の形を崩さないように紙型に入れる。

8

ホイロ（30℃、湿度60%）に入れ、5〜6時間発酵させる。

9

型の大きさに対し90%まで発酵した状態。表面が少し乾く感じがよい。

10

焼く直前に、クープナイフで十字の切り目を浅く入れ、窯伸びしやすくする。

11

切り目の中心にバターの小片をのせる。

6 ⋯⟩ 焼成

焼成〜窯出しの方法も、モデルノ製法とほぼ同じ。
焼き上がり後の生地の沈みはモデルノと比べると遅いです。

1

型に入れたパネットーネ生地
を天板に並べて、ラックオー
ブンへ入れる。

2

160℃で48〜50分間焼く。
焼き上がりはクープが割れて
大きく伸び、濃いキツネ色に
色づいている。

3

パネットーネを取り出して
ジーラ・パネットーニの中央
に並べ、左右から針を刺す。

4

逆さにして、ジーラ・パネッ
トーニごとラックにかける。粗
熱がとれるまで一晩吊るす。

1 ···> Amarena e cioccolato [p.076]

4 ···> Albicocca [p.082]

2 ··> Fragola [p.078]

3 ··> Limoncello [p.080]

Chapter 5

パネットーネの
バリエーション

近年のパネットーネの傾向のひとつは、フルーツや風味づけの材料を自由に組み合わせたバリエーションが増えていることです。スタンダードなパネットーネではオレンジ、チェードロ、レーズンを入れることが決められており、香りづけはバニラビーンズが一般的ですが、バリエーションの分野では各店各様のオリジナリティに富んださまざまなタイプが作られています。ここではフルーツ、リキュール、チョコレートなどで変化をもたせた6種類を紹介します。ほかに、マロンやいちじく、柚子なども合うでしょう。上面をホワイトチョコレートでコーティングする場合は、パネットーネ生地の茶色が透けて見えない厚さにすることが大事です。1回で足りなければ二度づけしてください。

＊次頁以降、配合表内の「パネットーネ生地」は、「パネットーネ・モデルノ」［p.039］のものを使用。ただし、本捏ねで加える次の材料を除き、各バリエーション独自のフルーツや洋酒を使う
—
除く材料：3種類のフルーツ（オレンジの皮のコンフィ、チェードロの皮のコンフィ、レーズン）、マルサラ

1 ⤵アマレーナとチョコレート
Amarena e cioccolato（アマレーナ・エ・チョッコラート）

アマレーナはイタリアではポピュラーなさくらんぼ。酸味
のあるサワーチェリーの一種です。シロップで煮たアマ
レーナはいろいろな菓子に利用されていますが、チョコ

レートと組み合わせたパネットーネも人気の品です。チョ
コレートは生地の中に入れるほか、上面にもコーティン
グします。

配合表（1kg分の型1個分）

パネットーネ生地 … 100%
アマレーナのコンフィ（アグリモンターナ社）… 生地の重量の15%
ダークチョコレート（カカオバリー社）… 生地の重量の10%
＊上記3材料を合わせた生地から950gを使う。
ダークチョコレート（コーティング用）… 適量
パールクラッカン（ヴァローナ社）… 適量

a　　　b　　　c

作り方

1 … アマレーナのコンフィは、シロップを軽く水で洗い流し、1/2にカットする。これをダークチョコレートとともに、本捏ねを終えたパネットーネ生地に入れる。分割して丸め、型入れする。ホイロで発酵後、焼き上げて粗熱をとる（a）。

2 … コーティング用ダークチョコレートをボウルに入れて湯せんで溶かし、1のパネットーネを逆さにして上面を浸し、コーティングする（b、c）。元の位置に返してパールクラッカンを散らす。

2 ⋯> いちご
Fragola（フラーゴラ）

いちごをシロップ煮にしてからオーブンでセミドライにし、
ホワイトチョコレートとともに生地に包み込みます。セミド
ライながらいちごのフレッシュ感も楽しめます。コーティ

ングはホワイトチョコレート。上にサクサク食感の甘酸っ
ぱいフリーズドライいちごを散らします。

配合表（1kg分の型1個分）

パネットーネ生地 … 100%
いちごのセミドライ（以下の配合）… 生地の重量の25%
　┃ いちご … 600g
　┃ グラニュー糖 … 240g
ホワイトチョコレート（カカオバリー社）… 生地の重量の15%
＊上記3材料を合わせた生地から950gを使う。
ホワイトチョコレート（コーティング用）… 適量
いちごのフリーズドライ … 適量

作り方

1 … いちごのセミドライを作る。いちごを洗ってヘタをとり、水気をしっか
りと拭く。グラニュー糖をまぶして、冷蔵庫で1晩おく。翌日、弱火で5分
間ほど煮て、半日かけて冷ます。シロップといちごに分け、いちごはしっか
りと水気を拭き取って、80℃のコンベクションオーブンでダンパーを開け
て1時間乾燥させる。サイズが大きいものはカットする。
2 … 本捏ねを終えたパネットーネ生地に、1のいちごをホワイトチョコレー
トとともに包み込む。分割して丸め、型入れする。ホイロで発酵後、焼き上
げて粗熱をとる。
3 … コーティング用ホワイトチョコレートをボウルに入れて溶かし、2のパ
ネットーネを逆さにして上面を浸し、コーティングする（a）。元の位置に返
していちごのフリーズドライを散らす（b、c）。

3 ⇢ リモンチェッロ
Limoncello（リモンチェッロ）

パネットーネ生地にレモンの皮のコンフィを散りばめ、焼き上げてからレモンのリキュール「リモンチェッロ」で風味をつけたシロップとガナッシュクリームを生地の間に挟みます。上面はホワイトチョコレートのコーティングと

薄く削ったコポーをかけています。リモンチェッロのパネットーネも得意とする、カンパーニア州の菓子店「ペーペ」へのオマージュとして作りました。

作り方

1 … 本捏ねを終えたパネットーネ生地にレモンの皮のコンフィを入れる。分割して丸め、型入れする。ホイロで発酵後、焼き上げて粗熱をとる。

2 … リモンチェッロのシロップを作る（a右）。グラニュー糖と水を沸騰させて、火を止めてリモンチェッロを加え、冷ます。

3 … リモンチェッロ風味のガナッシュクリームを作る（a左）。ホワイトチョコレートをきざんでボウルに入れ、別鍋で沸騰させた生クリームを加える。よく混ぜてチョコレートを溶かし、リモンチェッロを加えて冷ましておく。

配合表（1kg分の型1個分）

パネットーネ生地 … 100%

レモンの皮のコンフィ … 生地の重量の20%

＊上記2材料を合わせた生地から950gを使う。

リモンチェッロのシロップ（以下の配合）… 100g

　グラニュー糖 … 100g

　水 … 100g

　リモンチェッロ … 40g

リモンチェッロ風味のガナッシュクリーム（以下の配合）… 150g

　ホワイトチョコレート（カカオバリー社）… 400g

　生クリーム … 250g

　リモンチェッロ … 50g

ホワイトチョコレート（コーティング用とコポー用）… 適量

4 … 1のパネットーネを、紙型の縁より少し上で水平にカットする（b）。上下の生地の切り口に2のシロップを50gずつ打つ（c）。さらに下の生地の切り口に3のガナッシュクリームをぬり（d）、上の生地をかぶせて元の形に戻す（e）。

5 … コーティング用ホワイトチョコレートをボウルに入れて湯せんで溶かし、4のパネットーネの上面に塗る（f）。ホワイトチョコレートのコポー（a下）を全体に散らす。

4 ···> アプリコット
Albicocca (アルビコッカ)

アプリコットを丸ごとシロップで煮たコンフィを、さくらん
ぼのリキュールの「マラスキーノ」で風味づけして生地
に混ぜ入れます。シンプルですが、上品な風味とアプリ

コットのとろりとした口当たりが秀逸。アーモンドパウダー
と卵白入りのグラサージュを塗り、粉糖もふって香ばしく
焼き上げます。

配合表（1kg分の型1個分）

パネットーネ生地 … 100%

アプリコットのコンフィ（アグリモンターナ社）… 生地の重量の20%

マラスキーノ（ルクサルド社）… アプリコットの重量の5%

＊上記3材料を合わせた生地から950gを使う。

グラサージュ（以下の配合）… 70〜80g

　卵白 … 150g（卵白の量で硬さを調整する）

　グラニュー糖 … 110g

　アーモンドパウダー … 100g

粉糖 … 適量

作り方

1 … 前処理として、アプリコットのコンフィを1/4の大きさにカットしてマラスキーノを混ぜておく。これを翌日、本捏ねを終えたパネットーネ生地に入れる。分割して丸め、型入れする。

2 … グラサージュを作る。卵白にグラニュー糖を入れてよく混ぜて溶かし、アーモンドパウダーを加え、絞り袋に入れる。ホイロで発酵させた1のパネットーネの上面に絞り出し、粉糖をふりかけて焼き上げる。

5 ⋯> アプリコットとパイナップル
Albicocca e ananas（アルビコッカ・エ・アナナス）

アプリコット、パイナップル、オレンジの皮のコンフィの
3種類を生地に混ぜ入れたリッチなパネットーネです。焼
き上げたあとで、マラスキーノで風味づけしたシロップを

たっぷりと含ませているので、よりしっとりした口当たり
に。シロップは注入器で注ぎ入れるとスピーディーに作
業できます。

配合表（1kg分の型1個分）

パネットーネ生地 … 100%
アプリコットのセミドライ … 生地の重量の10%
パイナップルのコンフィ … 生地の重量の10%
オレンジの皮のコンフィ … 生地の重量の5%
＊上記4材料を合わせた生地から950gを使う。
あられ糖 … 適量
マラスキーノシロップ（以下の配合）… 125g〜150g
　水 … 100g
　グラニュー糖 … 100g
　マラスキーノ（ルクサルド社）… 30g

作り方

1 … アプリコットのセミドライを1/4にカットする。パイナップルのコンフィ、オレンジの皮のコンフィとともに、本捏ねを終えたパネットーネ生地に入れる。分割して丸め、型入れする。ホイロで発酵後にあられ糖をふって焼き上げ、粗熱をとる。

2 … マラスキーノシロップを作る。水とグラニュー糖を合わせて沸騰させ、火を止めてマラスキーノを加える。冷ましておく。

3 … マラスキーノシロップを注入器に入れ、1のパネットーネに20カ所ほど注入する。

6 ⋯> キャラメルチョコレート
Cioccolato al caramello（チョッコラート・アル・カラメッロ）

生地に混ぜるのはキャラメルチョコレートのみ。マイル
ドなチョコレートの甘みにフォーカスした、食べやすいタ
イプです。表面がザクザクして茶色が濃いのは、卵白、

グラニュー糖、アーモンドパウダーで作るグラサージュに
ココアパウダーを混ぜているためで、楽しい食感です。

配合表（1kg分の型1個分）

パネットーネ生地 … 100%
キャラメルチョコレート（カカオバリー社）… 生地の重量の30%
＊上記2材料を合わせた生地から950gを使う。
グラサージュ（以下の配合）… 70～80g
　卵白 … 150g
　グラニュー糖 … 110g
　アーモンドパウダー … 100g
　ココアパウダー … 6g

作り方

1 … 本捏ねを終えたパネットーネ生地にキャラメルチョコレートを入れる。分割して丸め、型入れする。
2 … グラサージュを作る。卵白にグラニュー糖を入れてよく混ぜて溶かしてから、アーモンドパウダーとココアパウダーを加えて混ぜ、絞り袋に入れる。ホイロで発酵させた1のパネットーネの上面に絞り出し、焼き上げる。

気泡はパネットーネよりもかなり
小さく、大小交じっていて縦方
向の伸びがある。内側は濃い
黄色が特徴。

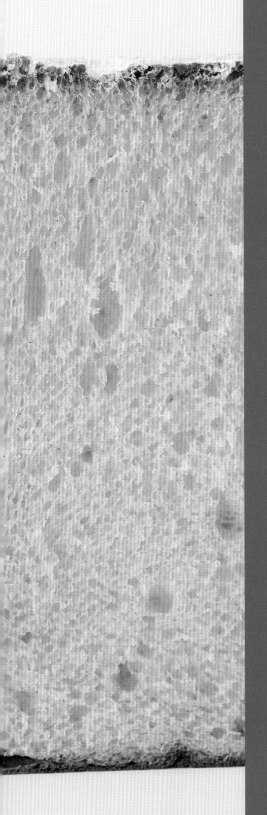

Chapter 6

パンドーロ
Pandoro

パンドーロは8つの角のある星形の型で焼く発酵菓子。パネットーネと同じ元種（リエヴィト・マードレ）から作ります。これもまた、ミキシングを複数回くり返して少しずつ発酵の力を高めながら、最終段階の生地へと仕上げていきます。基本材料は強力粉、卵黄、砂糖、バター、牛乳。これに風味付けのラム、カオカバター、バニラビーンズなどが入ります。

製法や配合は、店による違いもありますが、共通する特徴のひとつは、「ビガ種」を加えて最終発酵を補うこと。卵黄や砂糖、バターの比率が非常に高く、発酵が進みにくいパンドーロ生地の性質をカバーするためのものです。

理想の焼き上がりは、キメが細かすぎず、どちらかといえばやや粗く不均一。それでいて口溶けのよさがあるもの。また、フワフワではなくずっしりとした重みのある柔らかさが必要です。

作業の手順

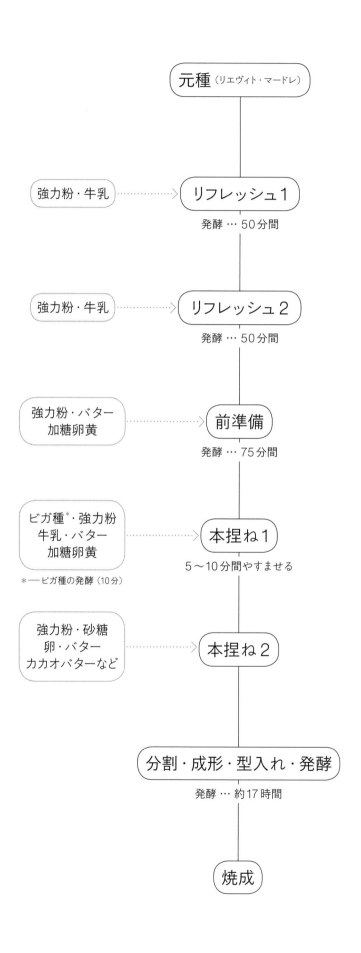

元種（リエヴィト・マードレ）

強力粉・牛乳 ……⟩ リフレッシュ1
発酵 … 50分間

強力粉・牛乳 ……⟩ リフレッシュ2
発酵 … 50分間

強力粉・バター
加糖卵黄 ……⟩ 前準備
発酵 … 75分間

ビガ種*・強力粉
牛乳・バター
加糖卵黄 ……⟩ 本捏ね1
5〜10分間やすませる
*──ビガ種の発酵（10分）

強力粉・砂糖
卵・バター
カカオバターなど ……⟩ 本捏ね2

分割・成形・型入れ・発酵
発酵 … 約17時間

焼成

配合表
- 重量はベーカーズパーセント100%＝1000gの場合のグラム数。
- リフレッシュ1の「元種」の粉は外割（ベーカーズパーセントに含まない）。

	ベーカーズパーセント	分量

リフレッシュ1［1］

	ベーカーズパーセント	分量
元種	8.4%	84g
強力粉（セルヴァッジオ）	8.4%	84g
牛乳	6.3%	63g

リフレッシュ2

	ベーカーズパーセント	分量
リフレッシュ1の生地	全量	231g
強力粉（セルヴァッジオ）	12%	120g
牛乳	9%	90g

前準備［2］

	ベーカーズパーセント	分量
リフレッシュ2の生地	全量	441g
強力粉（セルヴァッジオ）	12%	120g
加糖卵黄（20%加糖）	12%	120g
バター	1.8%	18g

本捏ね1

	ベーカーズパーセント	分量
前準備した生地	全量	699g
ビガ種		
強力粉（セルヴァッジオ）	3.6%	36g
牛乳	2.4%	24g
イースト（生）	1.2%	12g
強力粉（セルヴァッジオ）	21.7%	217g
加糖卵黄（20%加糖）	18.1%	181g
バター	3%	30g
牛乳	4.2%	42g

本捏ね2［3］

	ベーカーズパーセント	分量
本捏ね1の生地	全量	1,241g
a		
強力粉（セルヴァッジオ）	42.3%	423g
グラニュー糖	10.8%	108g
加糖卵黄（20%加糖）	19.9%	199g
全卵	12%	120g
蜂蜜	1.8%	18g
ラム	0.7%	7g
牛乳	6%	60g
b		
バター	7.2%	72g
カカオバター	1.2%	12g
グラニュー糖	25.3%	253g
加糖卵黄（20%加糖）	12%	120g
塩	1.2%	12g
c（バター前処理）		
バター	42.2%	422g
加糖卵黄（20%加糖）	12%	120g
バニラビーンズ	強力粉1kgに対して 0.6本	0.6本

＊写真1は「元種」を、2は「リフレッシュ2の生地」を、3は「本捏ね1の生地」を、それぞれ含まない状態。

1 ⟶ リフレッシュ1&2 • 捏ね上げ温度 … 24℃

元種を2回、強力粉と牛乳でリフレッシュ。
次のミキシングに入るまで50分間、発酵させます。

リフレッシュ1 • 発酵温度 … 室温（24〜25℃）｜発酵時間（ミキシングを含めて）… 1時間

1

元種の表面が乾燥している
場合は、ナイフで薄くそぎ落
とす。

2

縦型ミキサーに強力粉、元
種、牛乳の順に入れて、低
速でミキシング。

3

8〜10分間、捏ね続ける。

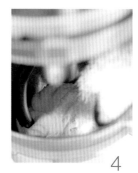

4

生地が乾かないように、リフ
レッシュ2の強力粉を表面
にかけて約50分間、発酵さ
せる。

リフレッシュ2 • 発酵温度 … 室温（24〜25℃）｜発酵時間（ミキシングを含めて）… 1時間

1

リフレッシュ1-4に牛乳を加
え、低速でミキシング。

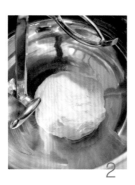

2

8〜10分間、捏ねて生地が
つながったら、ダブルアーム
ミキサーに移す。

3

生地が乾かないように、前準
備の強力粉を表面にかけて
約50分間、発酵させる。

2 → 前準備 • 捏ね上げ温度 … 24℃ | 発酵温度 … 室温（24〜25℃）| 発酵時間（ミキシングを含めて）… 1.5時間

本捏ねの前に、リフレッシュした生地に
バターや卵黄などを加えてミキシングします。

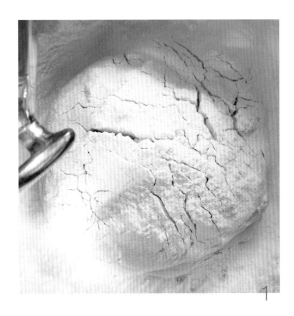

1

リフレッシュ2の生地。発酵
によって、上にかけた強力
粉がひび割れている。

2

卵黄とバターを加えて、低速
でミキシング。

3　　　　　　4

10〜15分間ミキシングした
のち、本捏ね1の強力粉を
表面にかけて、約75分間発
酵させる。

Point

前準備をする理由

パンドーロには卵黄・砂糖・バターなどを大量に使用す
るため、一度にそれらの材料を入れると生地ができづら
く、発酵にも影響がある。そこで前準備として少しずつ材
料を加える工程が必要となる。

ビガ種 ・捏ね上げ温度 … 24℃

イーストを使った中種の一種。
パンドーロは卵黄、砂糖、バターの配合が多く、発酵しにくい生地のため、
仕上げに近い本捏ね1［p.096］で加えて発酵の力を補います。

1

今回の材料は、強力粉、牛
乳、イースト（使い方により、ビ
ガ種の材料や配合はさまざま）。

2

縦型ミキサーに強力粉、イー
スト、牛乳の順に入れる。

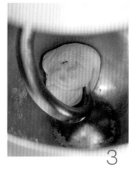

3

低速で5〜8分間、ミキシ
ング。

4

生地を台に取り出し、球状に
形を整える。

5

ボウルに生地を置き、室温
（24〜27℃）で10分間、発
酵させる。

6

発酵したビガ種。

3 → 本捏ね • 捏ね上げ温度 ⋯ 24℃

バターの前処理

本捏ねでは大量のバターを加えます。生地に混ざりやすくするために、
あらかじめ卵黄の一部と混ぜ合わせて柔らかくしておきます。

1

材料はバターと卵黄、バニ
ラビーンズ（配合表の**本捏ね
2-c**）。

2

縦型ミキサーにバターとバニ
ラビーンズを入れ、柔らかな
クリーム状になるまで混ぜる。

3

卵黄を数分間隔で3回に分
けて加え、混ぜる。ミキサー
ボウルに貼りつくバターは
時々はがし、均一に混ざるよ
うにする。

4

約10分間混ぜて、前処理を
終えたバター。

本捏ね1

最終段階のミキシングは、生地をできやすくするため、2段階に分けて行います。
最初のミキシング後に、少しおいて生地をゆるませます。

前準備した生地にビガ種、バター、卵黄、牛乳を加えて低速でミキシング。

10〜15分間で生地がミキサーボウルからはがれてまとまってくる。

本捏ね2-aの強力粉を表面にかけて、5〜10分間おく。

本捏ね2

蜂蜜、ラム、事前に溶かしたカカオバターなどを加えていきます。
材料を3グループに分け、1段階ずつ加えて生地になじませます。

本捏ね2-aのグラニュー糖、卵黄、全卵、蜂蜜、ラム、牛乳を加える。

低速で10〜15分間捏ねて、生地をつないでいく。

本捏ね2-bのバターを加える。

続けて溶かしたカカオバターを加え、生地になじむまで約10分間ミキシング。

本捏ね2-bのグラニュー糖と卵黄を、2〜3回に分けて交互に入れながら約10分間ミキシング。

全量を一度に入れると生地がつながりにくい。複数回に分けて、少しずつ材料を入れるのがポイント。

9 生地がつながり、まとまった
ら、本捏ね2-bの塩を加える。

10 前処理したバター[p.095]を
少しずつ加えながら、約15
分間ミキシング。

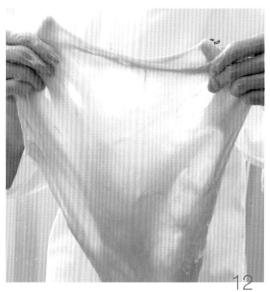

11 ミキシング終了。捏ね上げ
温度は24℃。

12 生地を伸ばして、薄い膜に
なればよい。

4 ⋯〉分割・成形

生地を分割し表面を張らせるように成形して丸めます。

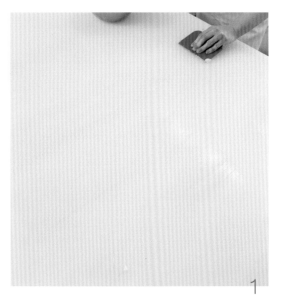

1

生地がくっつかないように、台に柔らかくしたバター（分量外）を薄くぬる。

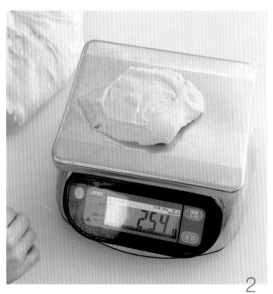

2

生地を台に取り出し、スケッパーで1個分の大きさに分割してスケールで計る。

3

生地を持ち上げ、伸びた部分をいったん裏返しにしてから二つ折りするように置き直す。

4

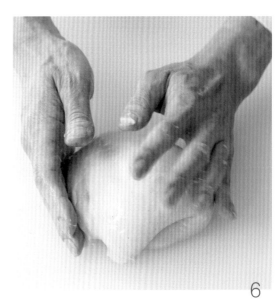

5 位置をずらしながら3〜4を
くり返す。

6

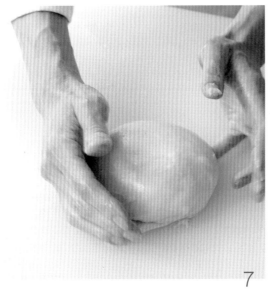

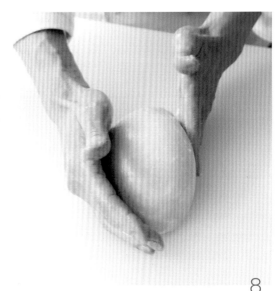

7 両手で表面を張らせながら
丸めていく。

8

5 ⟶ 型入れ・発酵 ● 発酵温度/湿度 ⋯ 19℃/60% | 発酵時間 ⋯ 約17時間

パンドーロ専用の型に生地を入れ、焼成前の最終発酵。
パネットーネと違い、この段階で発酵させます。

型の内側にバター（分量外）
をぬっておく。写真は250g
用の型（口径17cm）。

生地の閉じ口を下にして、形
を崩さないように型へ入れる。

ホイロ（19℃、湿度60%）に
入れ、約17時間発酵させる。

型の高さの9割近くまで発酵
した状態。

表面に気泡ができていたら、
ハサミで切って空気を抜く。

6 → 焼成

パネットーネよりも低温の135℃で、35〜45分間焼成します。
表面が濃いキツネ色に色づくまでしっかり焼き上げます。

窯入れ

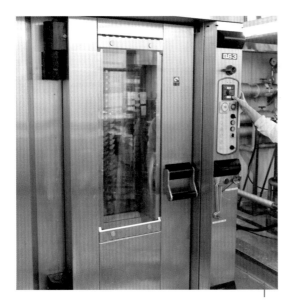

型を天板に並べて、ラック
オーブン（135℃）へ入れる。

250g用の型で約35分間、
500g用の型で40〜45分
間焼く。

窯出し

焼き上がりは、型の縁より数cm近く盛り上がる。

濃いキツネ色に色づくまでしっかり焼く。中心は多少しぼむこともあるが、大きくは沈まない。

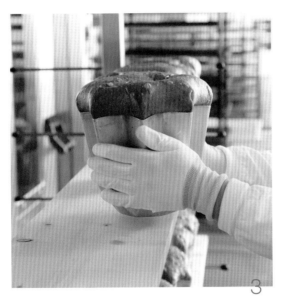

ラックに並べ、粗熱がとれるまで約3時間おく。

7 ⋯⟩仕上げ

粗熱をとったパンドーロはポリ袋に詰めて、粉糖を添えて販売します。
ここでは粉糖のまぶし方のコツをお見せします。

1

粗熱がとれたことを確認して、
型をはずす。冷めないうちに
はずすと生地が沈む。

2

1時間ほどおいて表面が乾い
たら、表面に粉糖をまぶす。

3

溝の部分にも手でしっかりと
なでつけて、全体に均一に
粉糖がつくようにする。

4

5

Point

粉糖の甘みをなじませる

一般には、袋に入ったままのパンドーロに粉糖をふりか
け、口を閉じて袋を大きくふって表面にまぶしつける方
法が普及している。これだと、少量しかつかないが、写
真で紹介しているようになでつければ、粉糖の甘みが生
地によくなじむ。いずれにしても、粉糖は食べる直前に
まぶすのが好ましい。

Column

新しいタイプのパンドーロ

パネットーネの製法に新しい潮流が生まれているように、パンドーロも近年、新タイプのものが作られるようになってきた。伝統的な作り方 [p.090] と比べると、新タイプは材料にモルトを加えたり、バターの分量を多くしたりしている。そして大きく異なるのが本捏ねまでの工程である。伝統

的な製法の発酵は50〜75分間だが、新タイプは段階によって2.5時間、あるいは3.5時間と長くとっているのだ。途中で加えるビガ種の発酵時間も、伝統的な製法が10分間程度なのに対し、新タイプは2.5時間。でき上がりはより風味が豊かで、口溶けのよいものになる。

作業の手順

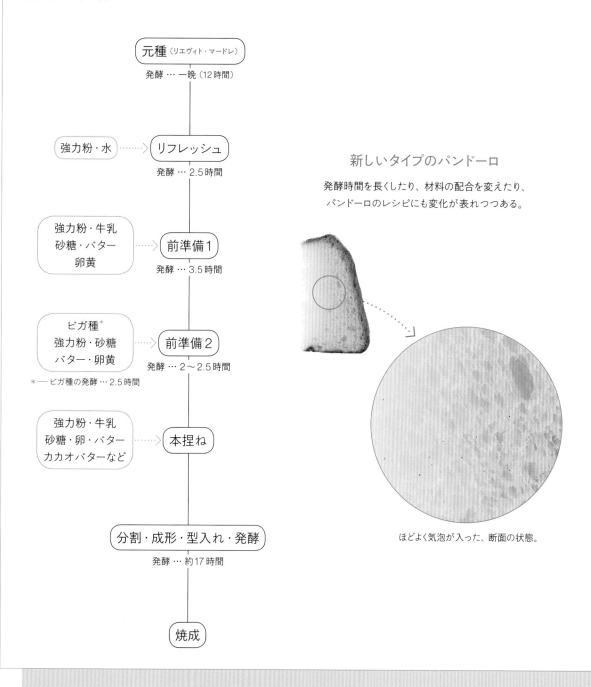

元種 （リエヴィト・マードレ）

発酵 … 一晩（12時間）

強力粉・水 ┈┈> リフレッシュ

発酵 … 2.5時間

強力粉・牛乳
砂糖・バター
卵黄 ┈┈> 前準備1

発酵 … 3.5時間

ビガ種*
強力粉・砂糖
バター・卵黄 ┈┈> 前準備2

発酵 … 2〜2.5時間

*── ビガ種の発酵 … 2.5時間

強力粉・牛乳
砂糖・卵・バター
カカオバターなど ┈┈> 本捏ね

分割・成形・型入れ・発酵

発酵 … 約17時間

焼成

新しいタイプのパンドーロ

発酵時間を長くしたり、材料の配合を変えたり、
パンドーロのレシピにも変化が表れつつある。

ほどよく気泡が入った、断面の状態。

パネットーネのモデルノと同様に、リフレッシュ前に水漬けを行う方法もある。

ビガ種にモルトシロップを加えるようになったのも特徴のひとつ。

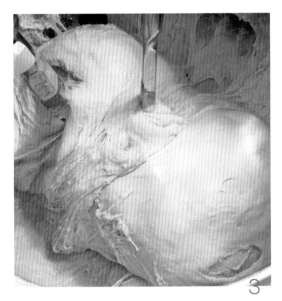

発酵時間は、伝統的な製法よりも長くとる傾向がある。

見た目は伝統的なパンドーロと同じだが、食べるとしっとりとした口溶けにさらに磨きがかかっている。

パネットーネ生地や
パンドーロ生地で作る発酵菓子

パネットーネとパンドーロは、基本的に1年に1回、クリスマスシーズンに作るものです。しかし、リフレッシュは1年を通して継続的に行わなければ元種の品質を保つことができません。そこで、クリスマス以外にもパネットーネ生地やパンドーロ生地を使った発酵菓子を作ることで生地を有効利用し、元種を安定的につないでいくのが理想です。この章では、そんな応用編的な発酵菓子5例を紹介。このうちコロンバ・パスクワーレとヴェネツィアーナは、もとは独自の生地で作られていましたが、パネットーネ生地と似ている部分が多かったことから、今ではパネットーネと同じ生地で作るのが一般的になっています。

コロンバ・パスクワーレ
Colomba pasquale

「復活祭の鳩」の意味で、復活祭の祝い菓子として長い歴史をもちます。発祥の地はミラノの南にあるパヴィーア。元は独自の配合で作られていた発酵菓子ですが、現在は多くの店がパネットーネ生地を利用して伝統の「鳩形」に作っています。生地に混ぜるフルーツはパネットーネと少々異なり、オレンジの皮のコンフィのみ。上面にもグラサージュ（糖衣）をかけてアーモンドを散らすのが古くからのスタイルです。

Column

コロンバとテオドリンダ女王

6〜7世紀ごろ、パヴィーアを首都とするランゴバルド王国を統治していたテオドリンダ女王には、コロンバの原形とされる菓子の逸話がいくつか残されている。「ある時、巡礼途中の聖コロンバーノがテオドリンダ女王のもとを訪れた。女王はご馳走を用意して歓待したが、四旬節中ゆえ、巡礼者は肉を口にできない。そこで聖コロンバーノが食卓に祝福を与えると、肉料理が鳩の形をした菓子に姿を変えた」というストーリーも、そのひとつである。

配合表（500g分の型1個分）

| パネットーネ生地 … 100%
| オレンジの皮のコンフィ … 生地の重量の20%
＊上記2材料を合わせた生地から500gを使う。
グラサージュ（配合は以下） … 70g
| 卵白 … 100g
| グラニュー糖 … 110g
| アーモンドパウダー … 100g
アーモンド（ホール） … 約10粒
あられ糖 … 適量
＊「パネットーネ生地」は、p.039を参照。

作り方

1 … パネットーネの材料［p.039］のうち、3種のフルーツをオレンジの皮のコンフィに代えて生地を作る。分割、成形してコロンバ用の型に入れる（p.112参照）。ホイロで発酵させる。
2 … グラサージュを作る。卵白にグラニュー糖を入れてよく混ぜて溶かし、アーモンドパウダーを加えて混ぜる。
3 … 2のグラサージュを絞り袋で1の上面に絞り出し、アーモンドとあられ糖をふりかけてオーブンで焼く（160℃、40分間）。
4 … パネットーネ同様にジーラ・パネットーニにセットして一晩おく。

生地の型入れの方法

コロンバの生地の型入れの仕方にはいくつかの方法があります。好みで選んでよいですが、生地を２個や３個に分けて型に入れると焼き上がりの表面と内相に継ぎ目ができ、ところどころ締まった内相になります。ひとつの生地で焼いた方が全体に均一に大きくふくらみ、食感もよいので最近の主流になっています。

a-1

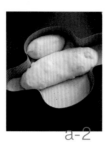
a-2

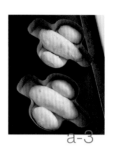
a-3

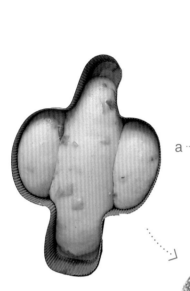

a ⋯> 胴体部と左右の羽根の計３個に分ける

先に胴体（300g分）を、
片側を細くした棒状に成形して型の中央に入れ、
左右の羽根（各100g）を楕円形に丸めてひとつずつ添える。

b ⋯> ひとつの固まりを入れる

500g分の生地を、
片側を細くした棒状に成形して型の中央に入れる。
発酵すると自然に型全体に広がる。

b

c ⋯> 胴体部と羽根の２個に分ける

左右の羽根（200g分）を棒状に成形して弓なりに置き、
上に交差させるように胴体（300g分）をのせる。

c-1

c-2

c-3

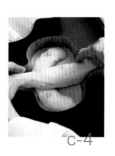
c-4

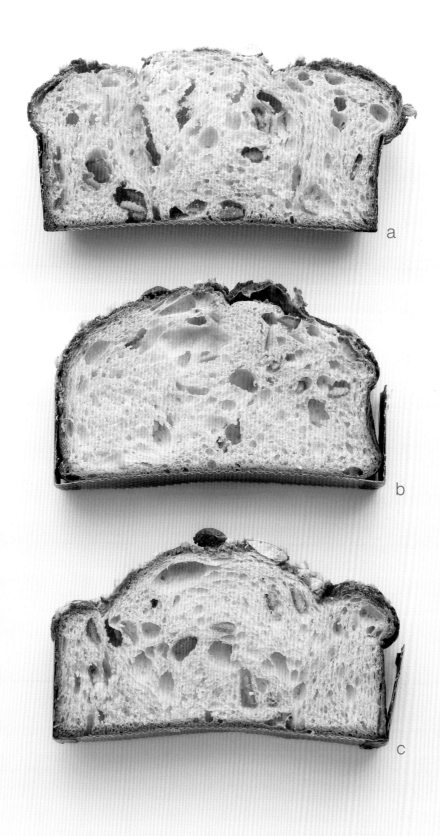

a

b

c

上から、3個の生地、ひとつの生地、2個の生地でそれぞれ
型入れしたコロンバの断面。ひとつの固まりで入れたものが、
もっともふくらみが大きく、気泡も均一になる。ちなみに、カッ
ティングは最初に縦に二等分し、それぞれを端から切り分け
ると均一なサイズになり、食べやすい。

ヴェネツィアーナ
Veneziana

「ヴェネツィア風」の意味で、これも元はミラノのクリスマス菓子として誕生した発酵菓子です。現在ではコロンバと同じ生地（オレンジの皮のコンフィのみを混ぜたもの）をパネットーネ形に焼いてグラサージュをかけるのが一般的。ただし、グラサージュはコロンバよりも柔らかく、トッピングはあられ糖と粉糖のみ。グラサージュは卵白の量を多くして柔らかくしたものですが、コロンバのようにザクザクと割れず、ソフトに焼き上がります。

配合表（1kg分の型1個分）

| パネットーネ生地 … 100%
| オレンジの皮のコンフィ … 生地の重量の20%
＊上記2材料を合わせた生地から950gを使う。
グラサージュ（配合は以下）… 70～80g
| 卵白 … 150g
| グラニュー糖 … 110g
| アーモンドパウダー … 100g
あられ糖 … 適量
粉糖 … 適量
＊「パネットーネ生地」は、p.039を参照。

作り方

1 … パネットーネの材料 [p.039] のうち、3種のフルーツをオレンジの皮のコンフィに代えて生地を作る。分割して丸め、パネットーネと同じ紙型に入れる。ホイロで発酵させる。
2 … グラサージュを作る。卵白にグラニュー糖を入れてよく混ぜ、軽く溶かしたのち、アーモンドパウダーを混ぜる。絞り袋で1の上面に絞り出し、あられ糖と粉糖をまぶしてオーブンで焼く（160℃、50分間）。

バウレット
Bauletto

本来は「小型のカバン」「宝石箱」といった四角い箱形のものを指す言葉で、イタリアではパウンドケーキのような小ぶりの型で焼いたパンや菓子がバウレットの名で売られて

いることがあります。当社でも、パネットーネ生地にいろいろな具材を混ぜて、小さな直方体（底面20cm×6.5cm、高さ5cm）の紙型に入れて焼いたものを販売しています。

マロン入り

ベリー入り

作り方

ベリー入りバウレット
パネットーネの生地にセミドライのベリー類（クランベリー、ブルーベリー、サワーチェリー）を混ぜ、分割、成形し、紙型に入れる。ホイロで発酵後、オーブンで焼く（160℃、25〜30分間）。仕上げは、上面に溶かしたホワイトチョコレートをぬり、ベリー類を散らす。

マロン入りバウレット
パネットーネの生地にマロンのシロップ漬けとくるみを混ぜ、分割、成形し、紙型に入れる。ホイロで発酵後、コロンバと同じグラサージュをぬり、表面にくるみを散らして、粉糖をふってオーブンで焼く（160℃、25〜30分間）。

ブォンディ
Buondi

ドンクがパネットーネやパンドーロに取り組み始めた初期
のころ、イタリア人の職人に伝授された発酵菓子です。
ベースはパンドーロ生地で、1個あたり50gの生地を長
辺が12cmほどの直方体の型に入れ、あられ糖をのせて

焼いたもの。内側にはチョコレートペーストを挟んでいま
す。ブォンディとは、「ブォンジョルノ（こんにちは）」と同
じ意味で使われる言葉です。

作り方

1 … パンドーロ生地を50gずつに分割し、長さ10cmの棒状
にする。12×6cmサイズの専用の焼き型に入れる。

2 … ホイロ（20℃、湿度60％）に16時間ほど入れて発酵さ
せる。

3 … 溶き卵をぬり、マルツァパーネ（マジパン）を薄く絞って
あられ糖をのせる。リールオーブン（150℃、22分間）で焼く。

4 … 粗熱をとってから横半分に切り開き、チョコレートペース
トをぬる。

ルネッタ
Lunetta

ブォンディと同じくパンドーロ生地で作る柔らかな発酵菓子で、同時期に作り始めた商品です。ルネッタは「小さな月」といった意味で、三日月形の型に入れ、あられ糖をふって焼いています。1個は60g、弓なりの長さが18cmほどの小ぶりなサイズです。

作り方

1 … パンドーロ生地を60gずつに分割し、長さ18cmの棒状
にする。三日月形の専用の焼き型に入れる。

2 … ホイロ（20℃、湿度60％）に16時間ほど入れて発酵さ
せる。

3 … 溶き卵をぬり、あられ糖をのせる。リールオーブン（150℃、
22分間）で焼く。

Micca di montagna [p.122]

Pane contadino [p.126]

Chapter 8

イタリアのパン

Francesino [p.128]

Cornetti [p.130]

イタリアでは料理と同様に、土地ごとにさまざまなタイプのパンが作られています。粉の種類は普通小麦に加えて、南部では硬質小麦のデュラム小麦、北部はライ麦もよく使われていて、変わったところでは米粉、とうもろこし粉、チーズなどを使ったパンにも歴史の古いものがあります。発酵はパン酵母（イースト）が中心で、発酵力を補うために「ビガ種」を組み合わせることも。一方、自家培養の元種（リエヴィト・マードレ）で作られるパンはさほど多くありませんが、形状や大きさは丸形、バゲット形、さらに薄い円盤状や煎餅風のもの、穴あきのドーナツ形などバラエティに富んでいます。ここではパネットーネと同じ元種を使って少量のイーストを加えて作るパン3種と、イーストのみで作るパン1種を紹介します。

山の丸パン
Micca di montagna（ミッカ・ディ・モンターニャ）

フランスのパンの分野で「ミッシュ」「パン・ド・カンパーニュ」と呼ばれるものと同タイプの丸形ハード系パン。粉は2種類の強力粉とライ麦粉の計3種。元種を主体に、イーストを少量加えて作ります。重くがっちりとした焼き上がりで、高加水によるもっちりとした食感やライ麦の酸味のきいた深みのある味わいが特徴。ピエモンテ州の山奥でパンを作り続ける職人、エウジェニオ・ポルからインスピレーションを受けて作っているものです。

配合表（1個は直径30cm大）
＊配合はベーカーズパーセント

液状発酵種（元種）[p.125] … 15%
元種 [p.029] … 8%
リフレッシュの際の残り生地 … 8%
＊リフレッシュの際の残り生地：
リフレッシュの際、元種からそぎ落とした外側の生地。
冷蔵庫で保管し、パン生地などに有効利用する。

強力粉（セルヴァッジオ）… 50%
石臼挽き強力粉（グリストミル）… 30%
石臼挽きライ麦全粒粉（ブロッケン）… 20%

塩 … 2.5%
モルトシロップ … 0.2%
イースト（セミドライイースト赤）… 0.1%
水 … 70%＋25%

工程

ミキシング（スパイラルミキサー）
・粉類、モルトシロップ、水（70％）を入れて低速で3分間。止める前にイーストをふり入れる。
・20分間オートリーズ。
・元種3種類を入れ、低速で回しながら塩を入れる。低速で6分間、高速で30秒間ミキシング。
・低速で少しずつ足し水（25％）をしていき、最後に高速で30秒ミキシング。

捏ね上げ温度
・22℃

発酵
・室温（27℃）で90分間。パンチをしてガス抜きし、5℃の冷蔵庫で16時間程度おく。
・翌日、室温で約30分間ほど復温。

分割
・1個分1800g。
・丸めた後、室温で90〜120分間おき、生地温度を17℃以上にもどす。

成形
・ガスを抜きつつ丸形に成形し、生地の閉じ口を上にしてバヌトン（籐製の発酵かご）へ入れる。

ホイロ
・27℃、湿度75％で120分間。

焼成
・生地がつかないよう小麦粉（分量外）をスリップピール（パンをオーブンに送入する道具）にふり、生地をバヌトンから出して閉じ口を下にして置く。
・クープナイフで表面に切り目を入れる。
・オーブンのスチームを入れ、上火・下火ともに250℃で窯入れして10分間→上火240℃、下火230℃で20分間→上火230℃、下火220℃で15分間焼く（計45分間）。

オートリーズとは … 粉、水、モルトをミキシングした後、そのまま15〜30分やすませ、パン酵母（イースト）や塩を加えてミキシングを再開する工程を指す。ミキシング時間短縮や生地の伸展性が高まる効果がある。

Column

山深い土地でパンと向き合う孤高の職人

p.122で取り上げている「山の丸パン」はイタリアでは珍しいライ麦全粒粉入りハード系の大型パン。私が初めてこれと出合ったのは二十数年前で、都内百貨店のイタリアフェアでのことだった。フランスの有名な「ポワラーヌのパン」と同じようなものがイタリアで作られていることに驚き、思わず購入した。そして数年を経た2000年。作り手のパン職人が取材されていた『月刊 専門料理』をたまたま手に取り、感動がよみがえる。何としても会ってみたいと機会をうかがい、念願かなってアトリエを訪問したのは2018年のことだ。職人の名は、エウジェニオ・ポル。ピエモンテ州の山深い土地でひとり、パンと向き合い、作ったパンはレストランにだけ卸している。風貌も思考も哲学者や科学者を思わせる人物で、パン作りにかける愛情と熱意に深い感銘を受けた。

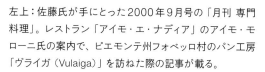

左上：佐藤氏が手にとった2000年9月号の「月刊 専門料理」。レストラン「アイモ・エ・ナディア」のアイモ・モローニ氏の案内で、ピエモンテ州フォベッロ村のパン工房「ヴライガ（Vulaiga）」を訪ねた際の記事が載る。

右上：2018年には自身でも工房を訪問。エウジェニオ・ポル氏と会話を交わした。
左下・右下：その際にポル氏が焼いた「山の丸パン（Micca di montagna）」と、氏の工房の様子。

液状発酵種（元種） リエヴィト・マードレ・リキッド

パンの皮（クラスト）を薄く、軽い食感に焼き上げるために、元種の一部に液体状（ドロリとした濃度のある状態）のものを使う方法がイタリアのパンの世界でも取り入れられ ています。ここでは少量の元種（リエヴィト・マードレ）を水で溶かし、新たに強力粉を加えて発酵させています。「山の丸パン」と「農夫のパン」で使います。

配合表

• 配合はベーカーズパーセント

元種 [p.034] … 15%
強力粉（セルヴァッジオ）… 100%
水 … 100%

工程

1 … ボウルに水を張り、元種を指先大にちぎって入れる。溶けづらいので、泡立て器で2〜3分間混ぜて、10〜20分間ふやかす作業を4〜5回くり返し、元種を完全に溶かす。

2 … 1に強力粉を入れ、ゴムべらでダマがなくなるまでしっかり混ぜる（仕上がりの温度24℃）。

3 … 室温（24℃）で60分間ほど発酵させてから、冷蔵庫（5℃）で保管する。

農夫のパン
Pane contadino（パーネ・コンタディーノ）

フランスのパンの分野でいう「パン・ペイザン（農夫のパン）」と同タイプ。丸く焼かれることも多いですが、今回は棒状に焼いています。山の丸パンとはことなり、こちらは粉のひとつにパスタでおなじみのデュラム小麦粉を使っており、配合も少々変えています。独特の歯ごたえのある個性的なパンです。

配合表（1個は直径38cm大）
● 配合はベーカーズパーセント

元種［p.034］… 20%
リフレッシュの際の残り生地 … 10%
液状発酵種（元種）［p.125］… 10%

強力粉（セルヴァッジオ）… 60%
デュラム小麦粉（デュエリオ）… 25%
石臼挽きライ麦全粒粉（ブロッケン）… 15%

塩 … 2.2%
モルトシロップ … 0.5%
イースト（インスタントイースト赤）… 0.3%
水 … 74%

工程

ミキシング（スパイラルミキサー）
・粉類、モルトシロップ、水を入れて低速で3分間。止める前にイーストをふり入れる。
・20分間オートリーズ。元種3種類を入れる。塩を入れながら低速で6分間ミキシング。
・高速で30秒間で生地を作る。
捏ね上げ温度
・23℃
発酵
・27℃、湿度75％で50分間。パンチをしてガス抜きし、再び同じ条件で50分間。

分割
・1個分600g。
・丸めた後、室温で30分間やすませる。
成形
・台に打ち粉をし、生地を置いて軽くたたいて平らにする。奥と手前を中央に寄せて中心線で2つ折りにする。中央から左右に長さ38cmに伸ばし、両端をすぼめてブロー形（Boulot。ずんぐりした棒形）にする。
・デュラム小麦粉（分量外）を表面に少量つける。閉じ口を下にして布にのせる。

ホイロ
・27℃、湿度75％で120分間。
焼成
・生地がつかないよう小麦粉をスリップピール（パンをオーブンに送入する道具）にふり、生地を置く。
・クープナイフで切り目を入れる。
・オーブンのスチームを入れ、上火240℃、下火220℃で35分間焼く。

フランチェジーノ
Francesino（フランチェジーノ）

イタリアでは、パスタ・モッレ（軟らかい生地）というジャ
ンルでくくられるソフトタイプのパン。ビガ種を使って作り
ます。イタリアではバゲットを「Pane francese（パーネ・
フランチェーゼ）」と呼ぶことがあり、そこから「フランチェ

ジーノ」と名付けられました。パスタ・モッレは、写真の
ミニバゲットの他、チャバッタ、フォカッチャ、ピッツァ
などいろいろな形状のパンに利用できます。

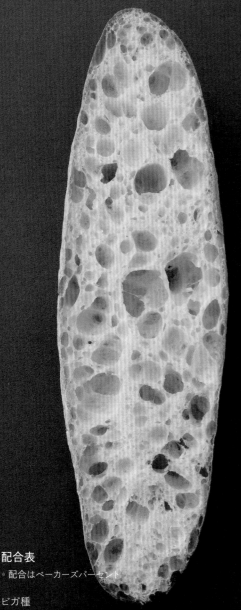

配合表
- 配合はベーカーズパーセント

ビガ種
| 強力粉（セルヴァッジオ）… 67%

 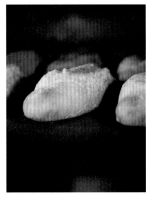 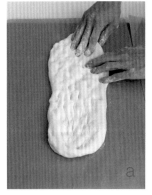 

ピッツァ

パスタ・モッレを薄く焼き上げて作るピッツァ。指で凹凸をつけ、オリーブオイルをふって焼けばピッツァ・ビアンカに（上写真 a、b）トマトソースやオリーブ、パンチェッタ、チーズなどをのせるのも定番。

工程

ビガ種

ミキシング（スパイラルミキサー）
・すべての材料を入れて、低速で7分間。
捏ね上げ温度
・22℃
発酵
・15℃で18〜20時間。
ミキシング（スパイラルミキサー）
・ビガ種全量、粉類、モルトシロップ、水（28%）をミキサーボウルに入れて低速でミキシング。
・少しずつ足し水（13%）をしていき、イースト、塩の順に入れて低速で8分間、高速で30秒間ミキシング。

捏ね上げ温度
・23℃
発酵
・27℃、湿度75%で50分間。
分割
・200g（ピッツァは400g）
ベンチタイム
・25分間（ピッツァは20分間）
成形
・長さ22〜23cmに細長く伸ばし、表面に小麦粉（分量外）をつけて、閉じ口を下にして布にのせる（ピッツァは30cm〜）。

ホイロ
・27℃、湿度75%で50分間（ピッツァは30分間）。
焼成
・生地の閉じ口を下にして置き、クープナイフで切り目を入れる。
・オーブンに少量のスチームを入れ、上火240℃、下火220℃で約25分間焼く。（ピッツァは好みの具材をのせ、上火260℃、下火220℃で10分間焼く）

コルネッティ
Cornetti（コルネッティ）

イタリアでは「小さな角（つの）」を意味するコルネッティ
と呼ばれていて、朝食の定番です。昔はブリオッシュ生
地で作ることが多かったのですが、最近はサクッとしたフ
レンチスタイルが主流。このレシピは元種を使い、卵を
多めに加えることでしっとりした口当たりを出しています。

配合表

• 配合はベーカーズパーセント

元種 [p.034] … 25%
強力粉（セルヴァッジオ）… 100%
イースト（生）… 4.5%
全卵 … 32.5%
脱脂粉乳 … 2%
塩 … 2%
グラニュー糖 … 25%
バター … 20%
水 … 17.5%
オレンジの皮（すりおろし）
… 1個分（強力粉1kgに対して）
バニラビーンズ
… 1本（強力粉1kgに対して）

バター（折り込み用）
… 500g（生地1.6kgに対して）

シロップ
| グラニュー糖 … 100%
| 水 … 100%

粉糖、あられ糖

詰めもの
| カスタードクリーム
| アプリコットジャム
| マーマレード

工程

ミキシング（縦型ミキサー）
・グラニュー糖2/3量とバターを除く材料
を入れ、低速で5分間ミキシング。
・生地がまとまりだしたらグラニュー糖の残
りを2回に分けて入れ、中速で5分間ミキ
シング。
・生地がつながったらバターを入れて中速
で3～5分間ミキシング。
捏ね上げ温度
・25～26℃
発酵
・1600gに分割後、5℃の冷蔵庫で一晩
冷蔵。
折り込み
・リバースシーターにかけて伸ばす。折り込
み用バターを包んで伸ばし、4つ折りを2
回くり返す。
・冷蔵庫でやすませる。

成形
・リバースシーターで厚さ3mmに伸ばす。
・長さ20×幅10cm（55g）の三角形に
カットし、端から巻く。
ホイロ
・27℃、湿度75%で180分間。
焼成
・表面に溶き卵をぬり、上火200℃、下火
160℃で15～16分間焼く。
（あられ糖をのせる場合は、卵をぬった後での
せる）
・焼き上がったら、表面にシロップをぬる。
（シロップはグラニュー糖と水を鍋で沸騰させ
てから、冷ましたもの）
仕上げ
・粗熱をとり、クリームやジャムなどを詰め
る。粉糖をかける場合はここでふる。

自然醗酵菓子

りとする独特の菓子です。イーストを使わず、一つ一つをていねいに
金色に焼き上げます。バターや卵など純粋な材料が、ふんわりと香り
ますもよく合いますし、またお子様からお年寄りまで、極めて栄養価の
ておすすめいたします。

イタリアのパン

イタリアのパンは、北イタリア生まれで、バラの花束かたどった"ロゼッタ"を片の
として、自然糧を使いゆっくりと焼き上げた"パン・ディ・パン"（パンの中のパ
ン）、港町ジェノヴァの朝を告げる"フォカッチャ"などすすめもとしてお
ドがから一緒にロウソクたもとてもし珍田でロ、るによ、無料しは
する日の気分を味ていただけますです、バ、ーン、でしてラ
ンスバーのうですれば、す。

Chapter 9

ドンクとパネットーネ

1970年代のドンクのパンフレット。右側に
「パネトーネ」「パンドーロ」「ルネッタ」
「プォンディ」などが見える。

兵庫県神戸市に本社をおき、全国でフランスパンやフラ
ンス菓子を中心に製造販売を手がけるドンク。創業は
1905年（明治38年）の「藤井パン」にさかのぼる。ド
ンクの商号でスタートしたのは1951年（昭和26年）、3
代目を継いだ藤井幸男の時代。早くからフランスの製パ
ン関係の教授を招聘するなど、本格的なフランスパンの
普及に努め、パンの業界をリードしてきた。その藤井幸男
がもうひとつ、並々ならぬ情熱を注いだのがイタリアの発
酵菓子、パネットーネである。時は1970年代。偶然の
出合いから、ドンクとパネットーネの歴史が始まった。

1970年代から続くドンクの「パネトーネ」史

ドンク創業者、藤井幸男とパネットーネ

ドンクでは、現在、クリスマスシーズンに限らず1年を通して「パネトーネ」*と「パンドーロ」を販売し、復活祭のシーズンには「コロンバ」も商品化している。フランスパン主体のベーカリーチェーンながら、イタリアの伝統菓子に取り組み始めて、すでに40年を超える月日が流れた。1970年代はイタリアからの輸入品もほとんどなく、日本では名前さえも知られていなかった時代である。

　きっかけは、この当時、ヨーロッパへの視察を重ねていた藤井幸男が、パネットーネに出合ったことだ。「こんなにおいしいお菓子があったのか!」と感激し、ぜひ自社で売り出したいとプロジェクトを立ち上げたのが始まりである。

　自社での製造販売を目ざし、社内の技術者をイタリアへ送りこんだり、逆にイタリアからパネットーネ職人を呼んだりして研究を続ける。そして1977年、当時の多摩川工場に「パネトーネ専用室」が誕生した。

　しかし、イタリアと日本の気候の違いや、技術習得にも至らないところがあったのだろう。何度作っても、イタリアから技術者を招いても、目ざすおいしさに到達できない。なぜイタリアと同じおいしさのものができないのだろうかと、苦悩の連続だったようだ。

*――ドンクでは伝統的に「パネトーネ」の名称で販売。本書では、一般名称としては「パネットーネ」、ドンクの製品としては「パネトーネ」と使い分ける。

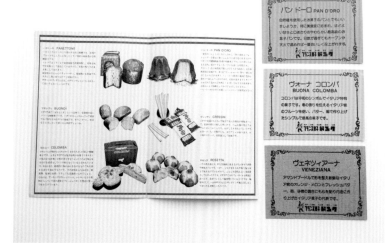

左：1980年頃のドンクの商品案内。「パンドーロ」は「ほどよい甘さと口あたりのやわらかい最高級のお菓子パンです」と紹介されている。
右：当時販売されていた「パネトーネ」と「コロンバ」。

発酵菓子の造詣が深かった「サンレモ」
創業者のオリンド・メネギン氏。

1985年、オリンド・メネギン氏の指導で本格的生産へ

イタリア領事館やイタリア貿易振興会（現・イタリア大使館貿易促進部）を通じてパネットーネを専門とする職人を探すこと数年。1984年に、エミリア＝ロマーニャ州リミニで行われた食品見本市でオリンド・メネギン氏（当時63歳）を紹介され、これが「ドンクのパネトーネ史」における大きな一歩となる。

　氏はヴェネト州バディアで菓子店「サンレモ（Sanremo）」を営み、パネトーネやパンドーロなどの発酵菓子を得意とする職人だった。若き日に、ミラノのパネットーネの名店「モッタ」で修業し、リエヴィト・マードレを意欲的に学んでいたのだ。その後、創業1722年のパドヴァの老舗「カフェ・ペドロッキ」など数店舗で活躍し、1972年に51歳で「サンレモ」開店というプロフィールをもっていた。

　見本市に参加していたドンクのスタッフは、その足で「サンレモ」まで足を伸ばし、オリンド氏の技術を目の当たりにして質の高さを確信したようだ。翌1985年に氏を日本に招聘。オリンド氏は自慢のリエヴィト・マードレを携えて多摩川工場で技術を披露した。1988年には、都内有名百貨店でもデモンストレーションを行って好評を博した。

　オリンド氏の指導のもと、1980年代後半に多摩川工場で本格生産が始まる。その後、兵庫・六甲アイランド工場に拠点を移して生産ラインを充実させ、「パネトーネ」、「パンドーロ」、同じリエヴィト・マードレで作るパンや発酵菓子など関連商品を、全国のドンク店頭で販売する道が開けた。

　私たちが「サンレモ商品」または「イタリア商品」と呼んでいるこれらの製品は「サンレモ」から譲り受けたリエヴィト・マードレを元に製造しており、毎日リフレッシュしながら維持している。ただし、リエヴィト・マードレは気候風土の影響を受けやすい。風味にブレが出ないように年に1回、「サンレモ」からリエヴィト・マードレを新たに譲り受けることもルーティンにしている。

左：ヴェネト州バディアで創業50周年を
迎える老舗菓子店「サンレモ」。
右：同店の製品パッケージはピンク色が
テーマカラー。

六甲アイランド工場とサンレモ・ライン

ドンク六甲アイランド工場は山陽新幹線新神戸駅から10kmほどの六甲アイランドに位置する。ドンクでは、粉から生地を仕込み、成形して焼き上げるまでの全工程を職人が一貫して行う「スクラッチ製法」を基本姿勢としている。そのため、六甲アイランド工場では「パネトーネ」、「パンドーロ」のように特別な製法をとる製品の製造や、近隣店舗や厨房設備のない店舗の支援工場としての役割を主に担っている。

　工場というとオートメーション化された現場を想像するかもしれないが、サンレモ・ラインではオリンド氏をはじめとする先達から学んだ技を受け継ぐべく、今も手作業を貫いている。担当者は定期的にイタリアに出向き、研修を受けるなど、品質の維持にも力を入れている。

　こうした昔ながらの職人技はイタリアでもめずらしくなりつつあるようで、とくに「ブォンディ」や「ルネッタ」などの小型の商品は、イタリア人に勧めると「懐かしい！」と喜ばれることも多い。

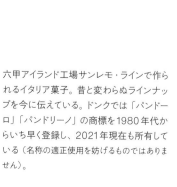

六甲アイランド工場サンレモ・ラインで作られるイタリア菓子。昔と変わらぬラインナップを今に伝えている。ドンクでは「パンドーロ」「パンドリーノ」の商標を1980年代からいち早く登録し、2021年現在も所有している（名称の適正使用を妨げるものではありません）。

2014年、ミラノへ。コンクール展示会の視察が転機に

サンレモ・ラインの製品は、長い歴史のあるクラッシコ（伝統製法［p.062］）にのっとったものである。ここに、最近になって新たに加わったものがある。モデルノ（現代的製法［p.036］）の製法で作るパネットーネだ。こちらはクリスマスシーズン限定とし、東京工場で製造。有名百貨店のオンラインショップのみで販売する。

　モデルノに取り組むようになったそもそもの始まりは、2014年夏にさかのぼる。社内会議で、イタリアのパネットーネ視察旅行が計画されたのだ。フランスでは定期的にパンのコンクールが開催されており、ドンクからも複数回、メンバーを送り出してきたが（私自身も1996年の「クープ・デュ・モンド・ドゥ・ラ・ブーランジュリー」に参戦）、「パンのコンクールがあるのなら、パネットーネにもあるはず」とリサーチすると、毎秋ミラノで開かれていることがわかった。

パネットーネを求めるお客で賑わう「レ・パネットーネ」の会場の様子（写真はドンクがブース出展した2015年と'17年大会）。

　同年11月、新たに組んだパネットーネプロジェクトのメンバーでミラノを訪問。ちょうどクリスマスシーズンに入ったところで、菓子店や食料品店にはパッケージに工夫を凝らした美しいパネットーネの箱が山と積まれていて圧倒された。これまで晩秋にイタリアを訪れたことがなかったため、初めて見るクリスマスの祝祭ムードのなかで、ミラノの、またイタリアのパネットーネ文化に深く感じ入ったものだ。

　私たちが初訪問したのは「レ・パネットーネ（Re Panettone）」［p.018］というイベントだった。想像をはるかに超えた大規模な見本市で、建物奥のスペースでは40店ものパネットーネ出展者がブースを出して、試食販売を行っていた。事前に登録しておけば一般の人も入場でき、通常40ユーロ前後のパネットーネを1kg当たり19ユーロ（2014年当時）の統一価格で購入できるとあって、大賑わいであった。平均すれば、ひとりで3個以上。多い人となると5個、10個と買いこんでいる。その光景にも圧倒されたものだ。

　私たちもひととおり試食したが、押しなべて素晴らしい品質であることに驚く。店のそれぞれに個性もあり、香り、口溶け、柔らかさ、フルーツの風味……と、どれをとってもすぐれている。興奮が収まらず、試食の手が止まらずについつい食べすぎてしまったほどだ。購入しようにも、選ぶのが難しく悩ましかったことを覚えている。

　ドンクがそれまで作り続けてきた「パネトーネ」もおいしいが、この会場で試食したものはより洗練されたタイプの異なるおいしさという印象だった。あとでわかったことだが、このイベントに出品されていたパネットーネは、多くがモデルノの製法によるものだったようで、クラッシコとモデルノという製法の違いが風味や食感の違いをもたらしていたのだ。

2018年、'19年の「レ・パネットーネ」ではコンクールの審査員を務めた。審査では、40人ほどの参加者が自作のパネットーネの全体と断面を見せて回り、審査員は基準に従って点数をつける（p.150「付録3『レ・パネットーネ』コンクール審査表」参照）。

イタリアのパネットーネ界とともに

イベント会場ではパネットーネに関するシンポジウムや、出展者を含むパネットーネのコンクール発表もあって、2日間の日程ながら実り多い視察となった。なにより、このイベントがきっかけで、主催者やイタリアのパネットーネ界をけん引するパティシエたちとのコネクションができ、交流が始まったのは大きな収穫だった。

　翌2015年から5年連続で、ドンクがスポンサーの一社となって同イベントに参加。'18年、'19年には「レ・パネットーネ」審査員、'18年はコロンバのコンクール「レジーナ・コロンバ（Regina Colomba）」でも審査員を務める栄誉に浴する。また'19年は、イタリア国内だけでなく海外の製菓製パンの店舗にまで参加資格を拡大した「パネットーネ・ワールドチャンピオンシップ（Panettone World Championship）」にエントリーして、ファイナリスト30に残ることができた。

　その間にも、私たちはドンクと提携している「サンレモ」を訪ねてクラッシコの技術を再確認し、パネットーネの名店「ティーリ（Tiri）」のヴィンツェンツォ・ティーリや、「パスティッチェリーア・メルロ・ディ・マウリツィオ・ボナノーミ（Pasticceria Merlo di Maurizio Bonanomi）」のマウリツィオ・ボナノーミをそれぞれ招聘して、六甲アイランド工場でモデルノ製法のパネットーネ講習会を行うなど、着実に技術を高めてきた。ボナノーミとはのちにテクニカル・アドバイザー契約を結び、ミラノ近郊の彼の店舗でも研修させてもらっている。

　また、ボナノーミからは技術面だけでなく、材料や機器のアドバイスも多々いただいたことが大きな財産になっている。氏の計らいで、製粉会社の「モリーノ・コロンボ（Molino Colombo）」や、製菓製パンの機器メーカー「アルトフェックス（Artofex）」を訪問するチャンスももらった。モリーノ・コロンボは1882年創業の歴史ある会社で、酵素などを加えない、純粋に小麦だけを製粉した正統派の小麦粉を作っている。一方、アルトフェックスは、ひとつひとつの部品から手作りしてミキサーやナッツの粉砕機などを造る手工業的なメーカー。本書で使っているダブルアームミキサーは同社の製品だ。両社ともに、経済性を最優先するのではなく、質の高いものをいかに創り出すかという探求心と熱意あふれる経営姿勢で、そこに大きな感銘を受けたものである。

| モリーノ・コロンボ

| アルトフェックス

2019年の「パネットーネ・ワールドチャンピオンシップ」にて、佐藤氏の考える「マエストロ・ベスト5」筆頭格のマウリツィオ・ボナノーミ氏とともに。

　2020年以降は、コロナ禍によりイタリアへ渡ることができず、口惜しい日々を過ごしている。しかし、それまでの5年間は年に2回のペースでイタリアを訪ね、いろいろな菓子店を精力的に回って最先端の技術をとことん吸収してきた。何度も通ううちに、自分なりのパネットーネ・マエストロ・ベスト5の背中が見えてきたことから、彼らの店を定点観測し、発酵にまつわるこれまでの経験や勘も総動員して、本場の味に近づけるべくしっかりと技術を磨いてきたつもりである。

　私自身、2014年にイタリアへ視察に行くまで、社内でパネットーネやパンドーロについて製法のイロハを教わる機会がまったくなかったため、ほぼ独学で知識を得、経験を重ねて、いちおうの成果を上げるところまで来たと自負している。これをスタート地点として、よりいっそう完成度の高いパネットーネ、パンドーロを世に送り出していきたいと思う。

ドンクの「パネトーネ」史

1977年	・多摩川工場に「パネトーネ専用室」を設置
1985年	・オリンド・メネギン氏（「サンレモ」）招聘
2000年	・横浜三越内に「パネトーネハウス サンレモ」開店
2003年	・六甲アイランド工場に生産ラインを設置
2014年	・イタリアでのイベント「レ・パネットーネ」視察
2015年	・ヴィンチェンツォ・ティーリ氏（「ティーリ」）招聘
	（六甲アイランド工場で講習会）
	・「伊日食文化賞」受賞
	（日本で30年以上にわたりパネットーネを作り続け、
	イタリア食文化の普及に貢献した功績への評価）
2015〜2019年	・「レ・パネットーネ」スポンサー参加
2018年	・マウリツィオ・ボナノーミ氏
	（「パスティッチェリーア・メルロ・ディ・マウリツィオ・ボナノーミ」）招聘
	（六甲アイランド工場で講習会）
	・「レジーナ・コロンバ」佐藤広樹が審査員として参加
	・「Bakery3.0」（ミラノで行われたパンのシンポジウム）にて、
	ドンクのパネットーネへの取り組みについて発表
2018〜2019年	・「レ・パネットーネ」佐藤広樹が審査員として参加
2019年	・「パネットーネ・ワールドチャンピオンシップ」佐藤広樹が参加し、
	ファイナリストに選出

ドンクのパネトーネは小（直径11cm）、中
（直径13cm）、大（直径16cm）の3サイズ
展開。他に小型のパネトンチーノ、催事な
どで扱うグランデ（直径21cm）がある。

［付録1］

佐藤広樹が選ぶ
「私が影響を受けたパネットーネ」

初めてイタリアで本場のパネットーネにふれて以来、その
おいしさに衝撃を受けたり、お菓子作りに向き合う職人
の姿勢に感銘を受けたりといった経験が何度もありまし

た。参考に、私が個人的にすばらしいと考えるパネットー
ネ・マエストロたちを紹介します。

Panettone
Tradizionale

マウリツィオ・ボナノーミ氏が率いる
「パスティッチェリーア・メルロ」。定番
の「トラディツィオナーレ」の他に、ア
プリコット、洋梨とチョコレート、マロン
グラッセなどのバリエーションも揃える。

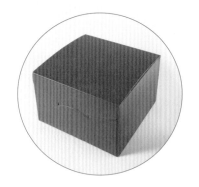

Pasticceria Merlo di Maurizio Bonanomi

Milano, Lombardia
https://www.merlopasticceria.it

いつ食べても安定しておいしいと感じるのが、「パスティッチェ
リーア・メルロ・ディ・マウリツィオ・ボナノーミ」のパネットー
ネです。口溶け、香り、気泡の入り方、どれをとっても理想的
で、これが「私が目ざすべきパネットーネ」だと思っています。
マウリツィオは知り合って間もない頃から、私たちの質問に何
でも答えてくれ、製法を包み隠さずに見せてくれました。彼の

製法はとてもシンプルで奇をてらわないもの。けれど、真似し
ようとしてもなかなか同じレベルにはなりません。
別け隔てなく親切なマウリツィオを慕う職人は多く、彼自身、
日々新しい挑戦を怠らず、常にパネットーネ業界の未来を考え
て行動しています。人柄も含めて尊敬している作り手です。

Martesana

Milano, Lombardia
https://www.martesanamilano.com

オーソドックスなレーズンと柑橘類以外を使った、バリエーション系のパネットーネの中でいちばん味がいいと感じたのが「マルテザーナ」。とくにチョコレートのパネットーネが印象に残っています。チョコレートは多くのメーカーが使いますが、クーベルチュールを溶かし込むと生地が硬く締まりがちですし、チョコチップを生地に混ぜると味のバランスが崩れやすく、おいしく作るのはなかなか難しい。その点、マルテザーナはしっとりした生地、ビターなチョコレート、甘いフルーツのバランスが素晴らしいと思います。

Panetùn de l'Enzo

創業者、ヴィンチェンツォ・サントーロ（Vincenzo Santoro）の名を冠した「パネトゥン・デ・レンツォ」。詰め物はチョコチップと、ジャムとセミドライに仕立てたアプリコット。

Panettone Strudel

「ストゥルーデル」は、シナモン風味のリンゴとマルサラ漬けレーズンを使用。松の実とアーモンドのスライスを散らして仕上げる。

Tiri

Potenza, Basilicata
https://www.tiri1957.it

2015年の「レ・パネットーネ」で1位に輝いたのが「ティーリ」。ティーリのパネットーネは、マエストロ（巨匠）と呼ばれる作り手の中でも、少し他と異なる方向性の食感や香りを目ざしているように思います。
3代目当主のヴィンチェンツォ・ティーリは発想力豊かで、ひだの無いパンドーロを作って見せてくれたことも（私としては、ひだは必要だと思いましたが）。若く、野心的な職人です。

Panettone Tradizionale

モデルノ製法を採り入れ、72時間かけて作るティーリのパネットーネはコンクール受賞歴多数。オレンジは地元バジリカータ産を使用する。

Sal De Riso

Minori, Campania
https://www.salderisoshop.com

イタリア北部発祥のパネットーネですが、南部にも優れた作り手が多くいます。カンパーニア州アマルフィ近郊の「サル・デ・リーゾ」もその一つ。地元特産のレモンやリコッタチーズを使ったものやティラミス風味など、バラエティ豊かなラインナップが参考になります。
店主のサルヴァトーレ・デ・リーゾは気取ったところのない、大変感じのいい人です。テレビタレントのような活動もしていて、現地ではちょっとした有名人。イベント会場ではいつも多くの人に囲まれています。

Panettone Smeraldo

シチリア産ピスタチオのクリームを生地に加えて焼き、同じクリームをたっぷりとかける。ズメラルド（smeraldo）はイタリア語で「エメラルド」の意味。

Pepe Mastro Dolciere

Sant'Egidio del Monte Albino, Campania
https://www.pasticceria-pepe.it

2014年、「レ・パネットーネ」の会場でブースに人だかりができていて、試食したらダントツに旨かったのが「ペーペ」のパネットーネでした。トラディショナルもおいしいし、バリエーションも外れない。これはすごいと思いました。

マウリツィオ（ボナノーミ氏）が、店主のアルフォンソ・ペーペに引き合わせてくれました。彼は「遠く離れた日本でイタリアの食文化を広めてくれてありがとう」という気持ちだったようで、

翌年再会するとダンボール何箱分ものパネットーネやババをプレゼントしてくれたり、とてもよくしてもらいました。

一つ心残りなのは、私たちがカンパーニア州の小さな町にあるペーペの店を訪れた時、アルフォンソが不在で会えなかったこと。彼はその後、若くして病気で亡くなってしまいました。今も店は続いていますが、彼の作るパネットーネの味が忘れられません。

Panettone al limoncello

リモンチェッロ風味のホワイトチョコレートクリームをサンドしたパネットーネは、ナポリ近郊に店を構えるペーペの名物商品。レモンの皮の砂糖漬けがアクセント。

Focaccia al Cioccolato e Pere

チョコレートと洋梨のフォカッチャ。通常、パネットーネはバター16%以上の配合が義務付けられているが、ガッティのフォカッチャのバターは11.3%に抑えられている。

Pasticceria Tabiano Claudio Gatti

Tabiano, Emilia-Romagna
https://www.pasticceriatabiano.it

クラウディオ・ガッティは長いキャリアを持つ菓子職人。パネットーネ関連団体の会長を任されるなど、誰もがその腕前を認める影響力の大きい人物です。

ですが、彼が作るパネットーネは少し変わっていて、バターの配合が基準より少なかったり、生地にシロップを打っていたりと、政令が定める「パネットーネ」の条件を満たしていません。そのため「フォカッチャ」という名前で販売をしています。菓子パンのような甘いタイプのフォカッチャから連想したネーミ

ングだそうです。

パネットーネの名称を使えないのは販売面で痛手のはずですが、自分がおいしいと思う品を、自分のポリシーに従って作っているわけです。彼の「フォカッチャ」はしっとりして軽い食感ながら味に奥行きもあり、通常のパネットーネと比べてもなんの遜色もありません。実際に、エミリア・ロマーニャ州の、日本でいう田舎の温泉地のような辺鄙な場所にある彼の店は、いつも多くのお客さんで賑わっています。

伝統を今に伝える、老舗のパネットーネ

現代的な製造方法として誕生したモデルノ製法を支えているのがアルティザナルな小規模店の職人たちだとすると、伝統的なクラッシコ製法を今に伝えているのが、コーヴァ、モッタ、マルケージといった老舗メーカーだといえるでしょう。1800年代から続くこれらのメーカーの存在なくして、パネットーネの歴史を語ることはできません。

目が詰まった緻密な生地や、どこか懐かしさを感じさせる味わいはクラッシコ製法ならでは。モデルノとクラッシコ、どちらか片方だけを食べて「これがパネットーネか」と思い込んでしまうのは惜しいことです。ぜひ機会を見つけて、両方を食べ比べてみてください。

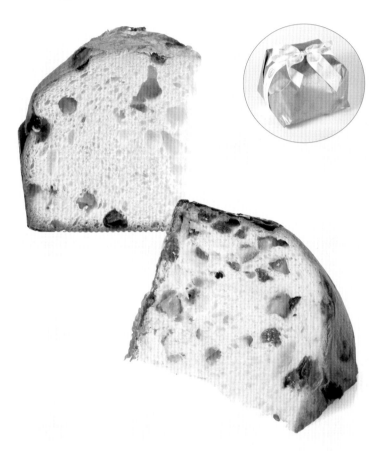

Pasticceria Cova Montenapoleone
Panettone Tradizionale

Milano, Lombardia
https://www.pasticceriacova.com

Motta
Panettone Originale

Milano, Lombardia
https://www.mottamilano.it

[付録2]

パネットーネ、パンドーロに関する政令

パネットーネやパンドーロの材料、製法について定めた規定は、ミラノ商工会議所が制定した「ミラノ伝統的パネットーネ製造に関する規定書」などいくつかあるが、こ

こではイタリア生産活動省／農林省が2005年に制定した政令を抜粋して紹介する。

焼き菓子製品の製造および販売に関する政令（抜粋）

2005年8月1日 官報第177号

生産活動省
農林省

出典：
Istituto Poligrafico e Zecca dello Stato -
Gazzetta Ufficiale italiana

＊第3～6条、7条第2項、8～9条は省略

第1条
パネットーネ

1. 「パネットーネ」という呼称は、酸性の生地（Pasta acida）で自然発酵させた、外皮上部に特徴的な十字のクープが入り、焼成に使用する型の影響で典型的な円柱形をした焼き菓子だけに使用が許される。内相には縦長の気泡が入り、クラムは柔らかく、酸性の種特有の発酵風味がある。

2. 本法令第7条のケースを除き、パネットーネの生地は以下の原材料を含有する。
a）小麦粉
b）砂糖
c）カテゴリーAの鶏卵、または卵黄。卵黄の含有率は、完成製品に対して最小でも4％を下回ってはならない
d）バター（含有率16％以上）
e）レーズン、柑橘系フルーツピール（含有率20％以上）
f）酸性の生地から作られたリエヴィト・ナトゥラーレ（元種）
g）塩

3. 製造者は任意で以下の材料を追加できる。
a）牛乳および乳製品
b）蜂蜜
c）モルト
d）カカオバター
e）糖類
f）1998年11月30日付大統領令502号第8条で認められたイースト（使用量は1％を上限とする）
g）天然香料、および天然由来の香料
h）乳化剤
i）保存料（ソルビン酸）
j）保存料（ソルビン酸カリウム）

4. 第2項および第3項で言及した成分の比率計算は、添付資料I-1に基づいて行う。

5. パネットーネは、添付資料II-1に記載の手順に従って製造されるものとする。

第2条
パンドーロ

1. 「パンドーロ」という呼称は、酸性の生地（Pasta acida）で自然発酵させた、八角の星形をした円錐台形状の、外皮とクラムが柔らかい焼き菓子だけに使用が許される。内相には小さな気泡が詰まり、クラムは柔らかく絹のような構造で、バターとバニラの特徴的な香りがある。

2. 本法令第7条のケースを除き、パンドーロの生地は以下の原材料を含有する。
a）小麦粉
b）砂糖
c）カテゴリーAの鶏卵、または卵黄。卵黄の含有率は、完成製品に対して最小でも4％を下回ってはならない
d）バター（含有率20％以上）
e）酸性の生地から作られたリエヴィト・ナトゥラーレ（元種）
f）バニラもしくはバニリン系香料
g）塩

3. 製造者は任意で以下の材料を追加できる。
a）牛乳および乳製品
b）モルト
c）カカオバター
d）糖類
e）1998年11月30日付大統領令502号第8条で認められたイースト（使用量は1％を上限とする）
f）粉糖
g）天然香料、および天然由来の香料
h）乳化剤
i）保存料（ソルビン酸）
j）保存料（ソルビン酸カリウム）

4. 第2項および第3項で言及した成分の比率計算は、添付資料I-1に基づいて行う。

5. パンドーロは、添付資料II-2に記載の手順に従って製造されるものとする。

第7条
特殊な、デコレートされた製品について

1. 既に言及の通り、第1条第2項の例外として、パネットーネは、レーズン抜き、もしくは柑橘系フルーツピール抜き、もしくはそのどちらも含まない生地を選択できる。

3. パネットーネ、パンドーロ、コロンバに、詰め物、シロップ、コーティング、グラサージュ、デコレーション、フルーツ、その他の特徴的な材料を加えるのは、製造者の自由裁量とする。ただし、バター以外の油脂を加えることはできない。完成品には、第1条、第2条、および第3条の第2項および第3項で言及されている、最終製品の重量に基づいて計算された基本生地が少なくとも50%は含まれること。

◆ 添付資料I
比率計算

1. パネットーネ、パンドーロ、コロンバ
a) 固形分（水分を含まない状態）の卵黄およびバターの最小割合は、分割前の最終生地の固形生地重量に対するものとする。卵黄の比率計算には、以下の割合が適用される。

卵黄／卵白：35／65
全卵固形分：0.235
卵黄固形分：0.43

b) 固形分（水分を含まない状態）のレーズンと柑橘系フルーツピールの最小割合は、分割前の最終生地の固形正味生地重量に対するものとする。

c) 使用するイーストの割合は、分割前の生地重量に対して、最大1%に相当しなければならない。

◆ 添付資料 II
技術的工程

1. パネットーネ製造工程には以下の作業段階が見込まれる。なお、複数の作業が統合されることもありうる。
a) 酸性の生地の準備
b) 発酵
c) 生地の準備（原材料の計量、ミキシング）
d) 分割
e) 成形と型入れ
f) 発酵
g) 生地の上部に十字のクープを入れる
h) 焼成
i) 冷却
j) 包装

2. パンドーロ製造工程には以下の作業段階が見込まれる。なお、複数の作業が統合されることもありうる。
a) 酸性の生地の準備
b) 発酵
c) 生地の準備（原材料の計量、ミキシング）
d) 分割
e) 成形と型入れ
f) 発酵
g) 焼成
h) 冷却
i) 表面に粉糖をまぶす（随意）
j) 包装

「レ・パネットーネ」コンクール審査表

審査シート
レ・パネットーネ
第7回 コンペティション

審査表
「パネットーネ」部門

製品名　_____
審査員　_____

・審査は、外観10点、内相10点、香り30点、味・風味・食感35点、パネットーネの原形への忠実さ15点を満点として行う。
・各項目で最高得点を獲得した場合、100点を獲得する。

外観（製品全体）	0～10点	点
内相	0～10点	点
香り	0～30点	点
味・風味・食感	0～35点	点
パネットーネの原形への忠実さ	0～15点	点

合計		点

審査表
「一年を通して楽しめる革新的発酵菓子」部門

製品名　_____
審査員　_____

・審査は、外観10点、内相10点、香り30点、味・風味・食感35点、革新性／独創性15点を満点として行う。
・各項目で最高得点を獲得した場合、100点を獲得する。

外観（製品全体）	0～10点	点
内相	0～10点	点
香り	0～30点	点
味・風味・食感	0～35点	点
革新性／独創性	0～15点	点

合計		点

謝辞

以下の皆様に感謝を贈ります。
Special Thanks to

故 オリンド・メネギン
OLINDO MENEGHIN

スタニスラオ・ポルツィオ
STANISLAO PORZIO

マウリツィオ・ボナノーミ
MAURIZIO BONANOMI

日清製粉株式会社

パネットーネとパンドーロ

ドンク・佐藤広樹が伝えるイタリア発酵菓子の技術

初版印刷｜2021年11月1日
初版発行｜2021年11月15日

技術監修｜佐藤広樹
著者©｜株式会社ドンク

撮影｜合田昌弘
Giovanni Gerardi（p.142、143、145〜147）
取材・文｜河合寛子
取材協力｜須山雄子
デザイン｜纐纈友洋
編集｜丸田祐

発行者｜丸山兼一
発行所｜株式会社柴田書店
〒113-8477　東京都文京区湯島 3-26-9　イヤサカビル
電話：営業部　03-5816-8282（注文・問合せ）　書籍編集部　03-5816-8260
URL：https://www.shibatashoten.co.jp
印刷・製本｜シナノ書籍印刷株式会社

ISBN 978-4-388-06342-0
Printed in Japan
©2021 DONQ Co.,LTD.